O TRATADO DE LISBOA

O TRATADO DE LISBOA

Jornadas organizadas pelo Instituto de Ciências Jurídico-
-Políticas da Faculdade de Direito da Universidade de Lisboa

O TRATADO DE LISBOA

COORDENADOR
FAUSTO DE QUADROS

EDITOR
EDIÇÕES ALMEDINA, SA
Av. Fernão Magalhães, n.º 584, 5.º Andar
3000-174 Coimbra
Tel.: 239 851 904
Fax: 239 851 901
www.almedina.net
editora@almedina.net

IMPRESSÃO
Pentaedro, Lda.
Fevereiro, 2012

DEPÓSITO LEGAL
339882/12

Os dados e as opiniões inseridos na presente publicação
são da exclusiva responsabilidade do(s) seu(s) autor(es).

Toda a reprodução desta obra, por fotocópia ou outro qualquer
processo, sem prévia autorização escrita do Editor, é ilícita
e passível de procedimento judicial contra o infractor.

Biblioteca Nacional de Portugal – Catalogação na Publicação

O TRATADO DE LISBOA,
Lisboa, 2010

O Tratado de Lisboa / Jornadas sobre o
Tratado de Lisboa ; [org.] .Instituto de Ciências
Jurídico-Políticas da Faculdade de Direito da
Universidade de Lisboa
ISBN 978-972-40-4427-9

– UNIVERSIDADE DE LISBOA. Faculdade de Direito.
  Instituto de Ciências Jurídico-Políticas

CDU   341
      061.3

APRESENTAÇÃO

O Direito da União Europeia constitui uma fonte importante do Direito Português. Vigora, pois, na ordem interna portuguesa. Portanto, o Tratado de Lisboa, que introduziu significativas alterações no Direito da União até então vigente, também modificou bastante o Direito em vigor em Portugal e, por conseguinte, não pode ser ignorado ou menosprezado nas Faculdades de Direito portuguesas.

Foi com esse espírito que o Instituto de Ciências Jurídico-Políticas da Faculdade de Direito da Universidade de Lisboa levou a cabo Jornadas sobre o Tratado de Lisboa, em 15 e 16 de Março de 2010. Durante dois dias foram discutidos, com seriedade e profundidade, muitos dos importantes temas que são suscitados pelo novo Tratado da União Europeia e pelo novo Tratado sobre o Funcionamento da União Europeia, na redacção que lhes deu o Tratado de Lisboa. A utilidade dessa reflexão ficou provada pela presença maciça de participantes que as Jornadas tiveram. De facto, Diplomatas nacionais e estrangeiros, Deputados, altos dirigentes da Administração Pública, Magistrados e Advogados, Académicos de diversas Universidades e instituições científicas e, sobretudo, Estudantes, assistiram, em número muito grande, a todas as sessões das Jornadas.

Apesar de essas Jornadas terem sido das primeiras organizadas em Portugal sobre o Tratado de Lisboa depois da entrada em vigor deste, razões de ordem técnica, alheias aos organizadores, impediram que este livro fosse publicado mais cedo.

São aqui devidas algumas palavras de agradecimento.

Em primeiro lugar, ao então Senhor Presidente da Comissão Europeia, Dr. José Manuel Durão Barroso, e ao Senhor Ministro dos Negócios Estrangeiros, Dr. Luís Amado, por terem proferido as palestras, respectivamente, de abertura e de encerramento das Jornadas. Foi um privilégio para todos os participantes terem podido escutar, do Chefe do Executivo da União Europeia e do então Chefe da Diplomacia portuguesa, a sua avaliação própria sobre o Tratado de Lisboa e as expectativas que ele criou.

De seguida temos de agradecer ao Senhor Reitor da Universidade de Lisboa, Professor Doutor António Sampaio da Nóvoa, ao Senhor Vice--Reitor, Professor Doutor Pedro Barbas Homem, e ao Senhor Director da Faculdade de Direito, Professor Doutor Eduardo Vera-Cruz Pinto, a sua honrosa presença na presidência da mesa da sessão de abertura das Jornadas.

A terceira palavra de reconhecimento é devida a todos os oradores e moderadores das diversas sessões das Jornadas. Aos oradores, pelas suas excelentes palestras, como este livro vem mostrar. Aos moderadores, pela eficácia com que conduziram os trabalhos.

A palavra final de reconhecimento é dirigida aos participantes, quer pela sua presença contínua ao longo das Jornadas, quer pela vivacidade e pelo brilho que emprestaram ao debate das comunicações apresentadas.

Infelizmente não pudemos ter, para publicação neste livro, os textos das comunicações do Senhor Ministro dos Negócios Estrangeiros e dos Professores Marcelo Rebelo de Sousa e Luísa Duarte. Por decisão dos respectivos autores, algumas comunicações publicadas neste livro não correspondem, do ponto de vista formal, à sua epígrafe tal como consta do Programa das Jornadas, que está publicado nas primeiras páginas. Todavia, essa discrepância não afecta o conteúdo das comunicações,

Na coordenação científica das Jornadas contámos com a colaboração muito empenhada e muito eficaz da Professora Maria José Rangel de Mesquita, que aqui fica penhoradamente agradecida.

Por feliz acaso a publicação deste livro ocorre poucos meses depois de se ter iniciado o programa de actividades do Centro de Excelência Jean Monnet com que a Comissão Europeia distinguiu a Universidade de Lisboa, através da sua Faculdade de Direito, ficando a sua coordenação académica a cargo do signatário na sua qualidade de titular de uma Cátedra Jean Monnet (www.excelencia.ul.pt). Esse facto permitirá que regressemos muito frequentemente, e de várias formas, à reflexão e ao debate científico das questões que o Tratado de Lisboa e, de um modo geral, o estado actual da integração europeia hoje colocam.

Lisboa, 1 de Junho de 2011

FAUSTO DE QUADROS
Professor Catedrático da Faculdade de Direito
da Universidade de Lisboa
Coordenador Científico das Jornadas

PROGRAMA

**Jornadas sobre o Tratado de Lisboa
15 e 16 de Março de 2010 no Auditório da Faculdade**

15 DE MARÇO

9.30/9.45
Sessão de abertura, presidia pelo Reitor da Universidade de Lisboa

10.00/11.00
O Tratado de Lisboa
Presidente da Comissão Europeia, Doutor José Manuel Durão Barroso
Moderador: Vice-Reitor da Universidade de Lisboa, Professor Doutor Pedro Barbas Homem

11.00/11.30 – Intervalo

11.30/12.30
As novas atribuições da União Europeia
Mestre António Vitorino
Moderador: Director da Faculdade de Direito da Universidade de Lisboa, Professor Doutor Eduardo Vera-Cruz Pinto

12.30/13.30
Avaliação do novo sistema institucional e orgânico da União Europeia
Professor Doutor Fausto de Quadros
Moderador: Director da Faculdade de Direito da Universidade de Lisboa, Professor Doutor Eduardo Vera-Cruz Pinto

15.00/16.00
O novo sistema de repartição de atribuições entre a União Europeia e os Estados membros
Professora Doutora Maria Luísa Duarte
Moderador: Professor Doutor Carlos Blanco de Morais

16.00/17.00
O novo regime do princípio da subsidiariedade e o papel reforçado dos parlamentos nacionais
Professora Doutora Margarida Salema d'Olivieira Martins
Moderador: Presidente do Conselho Científico da Faculdade de Direito da Universidade de Lisboa, ProfessorDoutor Pedro Romano Martinez

17.00/17.30 – Intervalo

17.30/18.30
O modelo social europeu após o Tratado de Lisboa
Professora Doutora Maria do Rosário Ramalho
Moderador: Professor Doutor Eduardo Paz Ferreira

16 DE MARÇO

9.30/10.30
O sistema jurisdicional após o Tratado de Lisboa
Professora Doutora Maria José Rangel de Mesquita
Moderador: Presidente do Instituto de Ciências Jurídico-Políticas, Professor Doutor Jorge Miranda

10.30/11.30
Constitucionalismo europeu e direitos fundamentais após o Tratado de Lisboa
Professora Doutora Ana Maria Guerra Martins
Moderador: Presidente do Instituto de Ciências Jurídico-Políticas, Professor Doutor Jorge Miranda

11.30/12.00 – Intervalo

12.00/13.00
A União Económica e Monetária após o Tratado de Lisboa
Professor Doutor Fernando Araújo
Moderador: Professor Doutor Paulo Otero

15.00/16.00
O Tratado de Lisboa e o Direito Constitucional português
Professor Jorge Miranda
Moderador: Presidente do Conselho Pedagógico, Professor Doutor Marcelo Rebelo de Sousa

16.00/17.00
Partidos políticos europeus e partidos políticos nacionais: o que muda com o Tratado de Lisboa?
Professor Doutor Marcelo de Sousa
Moderador: Professor Doutor Fausto de Quadros

17.00/17.30 – Intervalo

17.30/18.30
A acção externa da União e o novo serviço diplomático europeu
Ministro dos Negócios Estrangeiros, Doutor Luís Amado
Moderador: Professor Doutor Fausto

18.30/18.45
Sessão de encerramento

Estas Jornadas contaram com o apoio da Acção Jean Monnet da Comissão Europeia

O TRATADO DE LISBOA

José Manuel Durão Barroso
Presidente da Comissão Europeia

Exmo. Senhor Reitor da Universidade de Lisboa, Professor Sampaio da Nóvoa,
Exmo. Senhor Vice-Reitor da Universidade de Lisboa, Professor Barbas Homem,
Exmo. Senhor Director da Faculdade de Direito, Professor Vera-Cruz Pinto.
Exmo. Senhor Professor Fausto Quadros,
Senhores Embaixadores,
Minhas Senhoras e Meus Senhores,

Iniciou-se, no passado dia 1 de Dezembro, uma nova fase na construção europeia. O Tratado de Lisboa altera significativamente o funcionamento da União Europeia. É particularmente ambicioso em relação às reformas institucionais, ao reforço da legitimidade democrática e às relações externas da União.

Hoje, gostaria de me concentrar nalgumas das inovações mais importantes do Tratado de Lisboa:

– A consolidação do método comunitário
– O reforço da democracia europeia
– O aprofundamento da capacidade de agir no plano externo

A escolha destes três temas não é aleatória. São representativos da oportunidade que nos é oferecida pelo Tratado de Lisboa: reforçar a legitimidade política interna da União e contribuir para a afirmação da Europa no mundo.

Para isso, o Tratado de Lisboa fornece instrumentos políticos novos ao mesmo tempo que consolida o acervo comunitário que, reconhecidamente, tem estado na base do sucesso do processo de construção europeia.

Não pretendo, nas palavras que se seguem, proceder a uma análise jurídica do Tratado de Lisboa. Nem a tal me atreveria, rodeado que estou de pessoas tão competentes nessa matéria, nomeadamente algumas com quem aprendi noções de Direito nesta Faculdade à qual ainda hoje me orgulho de pertencer, e na qual passei cinco saudosos anos de aprendizagem jurídica (e não apenas jurídica...), e mais um ano em que a Faculdade me confiou algumas funções de docente a nível de assistente.

Mas julgo que será útil apresentar-vos, à luz da experiência que hoje tenho de mais de cinco anos à frente da Comissão Europeia, uma leitura político-jurídica desta relevante transição institucional. E sobretudo espero, no período que se seguirá à minha intervenção, responder às questões que queiram colocar-me.

O método comunitário

O método comunitário constitui uma das conquistas centrais da história da integração europeia. Consagra um certo equilíbrio de competências inter-institucionais de modo a exprimir as múltiplas dimensões da política europeia, combinando aquilo que releva do domínio intergovernamental com as competências propriamente comunitárias e, no que a estas diz respeito, confia à Comissão um papel essencial, verdadeiramente insubstituível.

Daí o direito de iniciativa da Comissão em relação às competências concedidas à União pelos Tratados. Como estipula o artigo 17º do Tratado da União, "os actos legislativos da União só podem ser adoptados sob proposta da Comissão, salvo disposição em contrário dos Tratados".

A legitimidade do direito de iniciativa, reafirmado Tratado após Tratado, demonstra a capacidade da Comissão para representar o interesse geral europeu, agindo com independência e respeitando o princípio da igualdade entre os Estados-Membros. Citando mais uma vez, o artigo 17º, "a Comissão promove o interesse geral da União".

Diferentemente do Parlamento Europeu, onde legitimamente se encontram representados os partidos políticos europeus (agora expressamente reconhecidos pelo Tratado), a Comissão goza de uma natureza supra--partidária. Ao invés do Conselho, na Comissão os interesses nacionais e as diferenças de poder entre Estados não determinam o processo de tomada de decisão.

O Tratado de Lisboa, não só manteve o lugar central do método comunitário, como de certo modo o promoveu a "método da União", com a abolição do sistema dos "três pilares", criado pelo Tratado de Maastricht. Com o Tratado de Lisboa, o método comunitário tornou-se no processo ordinário de tomada de decisão, com a excepção da Política Externa e de Segurança Comum.

Democracia europeia

Como afirmei no início, o Tratado de Lisboa reforçou a natureza democrática da União. Nas discussões sobre a política europeia, encontramos frequentemente referências ao chamado "défice democrático".

Em boa medida, esta caracterização parte de uma certa confusão entre o que é a democracia nacional e o que deve ser a democracia europeia. Esta inspira-se nas democracias nacionais, mas não pode pretender nem substitui--las nem reproduzir, mimeticamente, o seu modelo a nível europeu.

O Tratado de Lisboa, que se baseia numa concepção da União Europeia com uma união de Estados e de cidadãos, consagra uma visão democrática da União e expressamente reconhece a sua dimensão parlamentar e os princípios da democracia representativa.

Os parlamentos nacionais passam a participar no diálogo político e legislativo europeu. Através do mecanismo do "controlo de subsidiariedade", estabelecido no Artigo 7º do Protocolo sobre a aplicação dos princípios de subsidiariedade e proporcionalidade, os parlamentos nacionais desempenham um papel importante no processo legislativo da União.

Se um terço dos parlamentos nacionais questionar, com base no princípio da subsidiariedade, uma proposta da Comissão, esta terá que ser reavaliada. Se o número subir para metade dos parlamentos nacionais, e a Comissão decidir manter a sua proposta, a questão é automaticamente enviada ao Parlamento Europeu e ao Conselho que podem decidir encerrar o processo legislativo. Cabe agora aos parlamentos nacionais assumirem maiores responsabilidades na política europeia.

A Comissão a que tive a honra de presidir nos últimos cinco anos estabeleceu um diálogo político muito frutuoso com os parlamentos nacionais. Enviámos os documentos de consulta e propostas aos parlamentos nacionais. Como resultado deste processo, recebemos mais de 500 respostas e opiniões das câmaras legislativas dos Estados-Membros.

O Tratado de Lisboa aumenta ainda consideravelmente as competências do Parlamento Europeu, colocando-o num plano de igualdade no processo legislativo em relação ao Conselho. A parlamentarização da vida política da União constitui uma das maiores inovações do Tratado de Lisboa. O Parlamento Europeu passou a estar no centro da arquitectura institucional da União.

O aumento das competências do Parlamento Europeu reforça a legitimidade política e democrática da Comissão. Como afirma o Artigo 17º (7), o Parlamento Europeu elege o Presidente da Comissão, o qual deve ser escolhido previamente pelo Conselho Europeu tendo em conta os resultados das eleições europeias. Num momento posterior, o Colégio de Comissários é igualmente votado pelo Parlamento Europeu.

À luz da experiência com a investidura do Presidente da Comissão Europeia "pós-Lisboa", e tendo em conta as novas normas aplicáveis, é previsível que passe a haver três etapas principais no processo democrático da escolha da Comissão: a apresentação de candidatos à presidência da Comissão antes das eleições europeias; o voto no Presidente da Comissão, após audições com todos os grupos políticos; por fim, o voto no Colégio, concluindo-se a construção de uma "maioria parlamentar".

As relações externas da União Europeia

O reforço da capacidade de agir e da coerência diplomática encontram-se entre os principais objectivos do Tratado de Lisboa na área das relações externas.

Para além da importante inovação que reside na criação do cargo do Alto Representante da União para a Política Externa e de Segurança, e simultaneamente Vice-Presidente da Comissão, é interessante notar que o Tratado de Lisboa quis atribuir algumas competências ao Presidente do Conselho Europeu nas áreas externas. Segundo o Artigo 15º, cabe a este, ao seu nível e nessa capacidade, representar a União Europeia na Política Externa e de Segurança Comum.

De acordo com o Artigo 17º, "com excepção da Política Externa e de Segurança Comum e dos restantes casos previstos nos Tratados, [a Comissão] assegura a representação externa da União".

O respeito pelo acervo comunitário externo está igualmente reflectido no Artigo 40º do Tratado da União, o qual distingue a PESC das políticas comunitárias externas e das dimensões externas das políticas comunitárias internas.

Está assim pré-definido aquilo que poderá vir a configurar-se com um tandem na representação externa da União ao nível de Presidentes do Conselho Europeu e da Comissão Europeia. O tandem de Presidentes deverá orientar-se, entre outros, por dois princípios:
– a diferenciação de funções e
– a complementaridade de objectivos.

A criação do cargo de Alto Representante da União para a Política Externa e de Segurança, e simultaneamente Vice-Presidente da Comissão, deverá igualmente contribuir para a coerência da União no plano externo. Ao seu nível político, haverá uma convergência das competências externas da União.

O Tratado de Lisboa criou também o Serviço Europeu de Acção Externa, uma das inovações mais originais da nova arquitectura europeia. Juntando a cultura diplomática dos Estados-Membros com a competência das instituições europeias, o Serviço deverá acrescentar uma maior capacidade de acção externa à União.

O Tratado que ficará para a História com o nome da "nossa" cidade abriu um novo capítulo na construção europeia. O Tratado dá mais capacidade para agir, mas nada substitui a vontade de agir. Esperemos agora que a vontade política, principalmente dos Estados-Membros, se eleve ao nível das ambições do Tratado de Lisboa. Se isso acontecer, como acredito, teremos uma União mais capaz e mais forte para defender os valores europeus no mundo. Aqueles valores que fizeram e fazem da construção europeia uma das mais notáveis experiências da História.

AS INOVAÇÕES DO TRATADO DE LISBOA

António Vitorino
Ex-Comissário da União Europeia; Mestre em Direito

(conferência proferida oralmente na Faculdade de Direito de Lisboa, em 15 de Março de 2010, a que foi dada versão escrita para efeitos de inclusão no presente volume, em Junho de 2010).

É costume dizer que os constitucionalistas são um pouco como os generais: em cada momento travam a última batalha que perderam! A frase, algo injusta, poderia, contudo, aplicar-se também aos constitucionalistas europeus, ou seja, ao legislador dos Tratados da União Europeia!

Não surpreenderá, pois, que o meu ponto de partida seja o de verificar que as inovações do Tratado de Lisboa correspondem, em larga medida, à resolução de questões pendentes que haviam estado presentes e haviam sido deixadas em aberto nas várias e sucessivas antecedentes reformas dos Tratados da União (operadas pelo Tratado de Amesterdão de 1997 e pelo tratado de Nice de 2000).

O conturbado processo que levou à adopção do Tratado da União Europeia e do Tratado sobre o Funcionamento da União Europeia (genericamente aqui referidos como "Tratado de Lisboa"), durante a presidência portuguesa do segundo semestre de 2007, teve origem directa na **Declaração n.º 23 Anexa ao Tratado de Nice**, de Dezembro de 2000. Com base nessa Declaração foi instituída, em 2002, a Convenção sobre o Futuro da Europa, adoptada a Declaração do Conselho Europeu de Laeken, em Dezembro de

2001 e aprovado o "Tratado que adopta uma Constituição para a Europa" (aqui referido por **Tratado Constitucional**, a que alguns autores se referem também como "Constituição Europeia"), aprovado sob presidência irlandesa, em Junho de 2004, e formalmente assinado em Roma, em Outubro desse mesmo ano.

O mandato ínsito nessa Declaração Anexa ao Tratado de Nice assenta em três esteios fundamentais que eram identificados como os objectivos centrais que se pretendia alcançar com a abertura de um novo ciclo de reforma dos Tratados europeus baseado na convocação de uma Convenção que contasse com a participação de representantes do Parlamento Europeu, dos governos dos Estados-Membros, da Comissão Europeia e dos parlamentos nacionais:

- a **simplificação dos próprios Tratados**, tornando-os mais legíveis e, consequentemente, mais facilmente inteligíveis pelo conjunto dos cidadãos europeus;
- a **clarificação do modelo de repartição de competências entre a União Europeia e os Estados-Membros**, respondendo assim a uma crítica reiteradamente formulada segundo a qual os Tratados deveriam conter critérios claros que regulassem a atribuição de novos poderes ao nível europeu, crítica essa particularmente vocal por parte dos Lander alemães que consideravam que a progressiva transferência de poderes para a União estaria a provocar uma subversão dos equilíbrios internos do sistema federal alemão (beneficiando o protagonismo do governo federal em detrimento dos poderes dos Estados federados sob impulso da integração europeia);
- a definição do **estatuto jurídico da Carta dos Direitos Fundamentais da União Europeia** (adoptada, sob proposta de uma Convenção encarregue da sua redacção, em Outubro de 2000, em Biarritz, sob a forma de uma declaração política subscrita conjuntamente pelas três instituições da União – Parlamento, Conselho e Comissão).

Bloqueado o processo de adopção do Tratado Constitucional, na sequência do voto negativo registado nos referendos francês e holandês de Maio e Junho de 2005, respectivamente, o processo de reorientação da reforma dos Tratados que leva ao Tratado de Lisboa teve como principais consequências perder-se a vocação simplificadora dos Tratados, que havia estado na base da elaboração da denominada "Constituição Europeia", e ambandonar-se a ambição constitucional em sentido estrito que tinha sido ensejada na declaração de Laeken, perfilhada pela Convenção sobre o Futuro da Europa e endossada pela Conferência intergovernamental de 2004.

Com efeito, comparando o Tratado de Lisboa com o Tratado Constitucional bem se pode dizer que se perdeu legibilidade nos textos e foi posto termo à ambição unificadora, que visava a existência de um só Tratado (pela fusão do Tratado da União Europeia e do Tratado das Comunidades num único Tratado Constitucional), embora, em bom rigor, continuasse a subsistir autonomamente o Tratado da Comunidade Europeia da Energia Atómica (Tratado Euratom). Neste ponto pode, pois, concluir-se que **se gorou o primeiro objectivo da Declaração n.º 23** Anexa ao tratado de Nice no respeitante à simplificação dos Tratados.

De igual modo, o abandono da "ambição constitucional", de certo modo ligada a uma retórica "refundadora" da União, embora sem retirar aos Tratados a sua natureza materialmente constitucional, na acepção conferida à expressão pelo Tribunal de Justiça, expurgou todos os elementos de "constitucionalidade estadual" que haviam sido esgrimidos como argumentos contrários à entrada em vigor da denominada "Constituição Europeia" (desde as referências aos símbolos, hino e bandeira da União até à homologia estabelecida entre os actos normativos europeus e os actos legislativos nacionais) .

Sem embargo, o abandono da "ambição constitucional" e da vocação "refundadora" a ela associada e, nessa medida, "relegitimizadora" do conjunto do projecto de integração europeia, não levou, contudo, ao sacrifício do **reconhecimento do carácter jurídico vinculativo da Carta dos Direitos Fundamentais**, conferindo-se-lhe uma hierarquia normativa equivalente às regras dos próprios Tratados, logo direito originário com todas as implicações daí decorrentes em termos de exercício dos poderes legislativos e de interpretação jurisprudencial (artigo 6.º, n.º 1 do Tratado de Lisboa).

Em regra a consagração expressa de uma "Bill of Rights" faz parte integrantes de uma "decisão constitucional" no plano estadual. O mesmo significado se lhe atribuiu no plano europeu, na senda da jurisprudência inaugurada pelo Tribunal Constitucional alemão quer sobre a temática do primado do direito comunitário em sede de protecção dos Direitos Fundamentais dos cidadãos quer sobre as condições e limites da transferência de poderes soberanos, desta feita a propósito do Tratado de Maastricht que instituiu a União Europeia.

A técnica legislativa adoptada pelo Tratado de Lisboa – recepção material da Carta no artigo 6.° do Tratado da União Europeia, que permanece, contudo, como uma proclamação autónoma assumida pelas três instituições da União (Parlamento, Conselho e Comissão) – **corresponde, no essencial, ao terceiro objectivo fixado na Declaração Anexa n.° 23 do Tratado de Nice**, no tocante ao seu estatuto jurídico doravante plenamente reconhecido. Contudo, por comparação com a solução encontrada no Tratado Constitucional (em que a Carta dos Direitos Fundamentais constituia a Parte II do próprio Tratado Constitucional), o estatuto jurídico da Carta no Tratado de Lisboa consente uma vasta gama de derrogações de que se poderão prevalecer o Reino Unido e a Polónia (nos termos do Protocolo n.° 30 anexo ao Tratado de Lisboa), bem como a República Checa (cujo Protocolo de exclusão do âmbito de aplicação da Carta foi aprovado pelo Conselho Europeu de 29 e 30 de Outubro de 2009 que deverá ser objecto de aprovação e ratificação pelo Estados-Membros provavelmente no quadro da adopção do próximo Tratado de adesão de um novo Estado à União).

Por contraponto, enquanto no Tratado Constitucional a perspectiva da possível **adesão da União à Convenção Europeia dos Direitos do Homem** constituía uma mera faculdade dependente de uma ulterior decisão nesse sentido do Conselho, já no Tratado de Lisboa se contem uma verdadeira e própria "decisão de adesão", cuja viabilidade, contudo, depende quer da sua aceitação por parte do Conselho da Europa (para o que releva o Protocolo Adicional n.° 14 à Convenção Europeia dos Direitos do Homem, entretanto adoptado e ratificado por todos os 48 Estados-Membros daquele Conselho) quer da negociação das concretas condições de adesão, atenta a específica natureza da União Europeia (para cujo efeito o Conselho dos Ministros da Justiça da UE adoptou já o pertinente mandato negocial conferido à Comissão Europeia).

O terceiro bloco de inovações introduzidas pelo Tratado de Lisboadiz respeito ao **modelo de repartição de competências entre a União e os Estados-Membros**. Este objectivo, elencado na aludida Declaração n.° 23 Anexa ao Tratado de Nice, foi objecto de uma interpretação ampla por parte da Convenção sobre o Futuro da Europa, em convergência com a "questão constitucional" colocada pelo Conselho Europeu na já referida Declaração de Laeken.

O ponto de partida deste exercício clarificador do quadro dos poderes da União e das competências conferidas pelos Tratados diz respeito à **abolição da estrutura de pilares da União** introduzida pelo Tratado de Maastricht e à consagração de uma **personalidade jurídica única da União**. Com efeito, foi em nome de tal clarificação que se pôs termo à destrinça entre o pilar comunitário da União (o primeiro pilar, que compreendia o Tratado das Comunidades Europeias) e os pilares intergovernamentais (o segundo pilar, referente à política externa e de segurança comum, e o terceiro pilar, referente à cooperação policial e cooperação judiciária penal).

Sem entrar agora em detalhes que não cabem aqui, a personalidade jurídica na ordem internacional era apenas reconhecida às Comunidades (logo no âmbito do primeiro pilar), embora a regra geral de origem jurisprudencial, atinente à identidade e unidade do próprio direito comunitário, tornada extensível potencialmente ao conjunto do direito da União, segundo a qual o exercício de competências comunitárias na ordem interna determina uma espécie de "apreensão" dessas competências precisas também na ordem externa, tenha criado uma "personalidade internacional de facto" da própria União, muito em especial nas áreas da cooperação policial e da cooperação judiciária penal.

O exercício de clarificação das competências da União levado a cabo pelo Tratado de Lisboa não representa propriamente uma rotura com o modelo que implicitamente resultava quer das regras dos Tratados anteriormente vigentes quer da concreta prática desenvolvida ao abrigo de tais regras. Mas, a explicitação de um conjunto de princípios pertinentes quanto à repartição de competências entre a União e os Estados-Membros constitui mais do que um simples enunciado clarificador, na medida em que cristaliza um modelo que delimita e contém algumas das mais arrojadas veleidades interpretativas formuladas perante as omissões dos próprios Tratados. Razão esta pela qual sempre me pareceu surpreendente que alguns dos críticos quer do Tratado Constitucional quer do Tratado de Lisboa tivessem neles visto um reforço da "deriva federalista" quando, na realidade, o desiderato normativo até poderia mais fundamentadamente suscitar reservas e reticências por parte dos defensores de uma evolução federal estrita!

Com efeito, o Tratado de Lisboa torna claro que **os poderes em causa são originariamente dos Estados-Membros**, sendo as competências da União **conferidas por atribuição**, o que comporta dois corolários, explicitados também no Tratado de Lisboa (tal como, aliás, já sucedia no próprio Tratado Constitucional): este modelo pressupõe **a possibilidade de devolução de poderes da União aos Estados-Membros**, seus detentores originários (desde que observado o processo de revisão dos Tratados, ou seja, uma decisão de devolução estará sujeita à aprovação de cada país membro da União segundo os seus procedimentos constitucionais próprios), bem como **a possibilidade de um Estado-membro sair da União** (segundo um processo negocial específico para a retirada de um país previsto e regulado inovatoriamente nos próprios Tratados).

Resulta, assim, que **as competências atribuidas à União se organizam segundo categorias identificadas no Tratado da União**: competências exclusivas, partilhadas e de apoio, acrescendo regras específicas sobre a União Económica e Monetária e sobre a Política Externa, de Segurança e Defesa, que são objecto de uma categorização à parte para melhor sublinhar as particularidades que subsistem nestes dois domínios políticos para além da abolição da estrutura de pilares.

Este quadro classificatório é naturalmente discutível e susceptível de análise crítica, mas dele decorrem, no que ora nos ocupa, duas consequências particularmente relevantes.

Por um lado, o Tratado de Lisboa não acolheu a reivindicação central dos Lander alemães, no sentido de que os Tratados deveriam consagrar um *Kompetenz Katalog*, ou seja, um "catálogo de competências" que contivesse de forma exaustiva e segundo uma lógica de *numerus clausus* a listagem das competências próprias da União. Desta perspectiva, de uma separação rígida de competências por áreas, definidas de forma estanque e exaustiva nos Tratados, comungavam também alguns sectores de inspiração federalista com assento na Convenção sobre o Futuro da Europa, sendo a diferença entre os primeiros e os segundos, naturalmente, na extensão e no concreto elenco dessas competências.

Neste contexto, o quadro classificatório de competências constante do Tratado de Lisboa pode considerar-se **meramente tendencial**, pelo que a chave de interpretação das concretas competências conferidas à União em cada uma das aludidas categorias dependerá essencialmente **da intensidade com que tais competências poderão ser exercidas** em cada uma das áreas políticas pela União, intensidade que resulta das **concretas bases legais constantes dos demais artigos dos Tratados**. Dito de outro modo: o simples quadro classificatório das competências da União não é suficiente para determinar os concretos limites da intervenção normativa europeia nesses domínios; são as concretas normas que delimitam a forma de exercício dessas competências que permitem determinar até que ponto é que as instituições da União estão habilitadas a legislar e, consequentemente, quais as concretas competências que, uma vez exercidas, delas os Estados-Membros ficam privados. Sendo a inversa verdadeira também: as matérias elencadas como competências da União permanecem no âmbito de competências dos Estados até ao momento em que a União delas faz uso e dentro dos limites conferidos nas concretas normas que especificamente delimitam os poderes atribuidos à União.

Esta interacção entre o quadro de classificação das competências e as concretas normas de definição dos poderes da União nos vários domínios de intervenção política no plano europeu torna-as incindíveis do **"bloco de constitucionalidade" europeu**, razão pela qual, no Tratado Constitucional, a Parte I (que continha os princípios gerais que normalmente se reputavam como materialmente constitucionais) sempre foi inseparável da Parte III (dedicada às concretas políticas da União que alguns, contudo, consideravam como não tendo dignidade constitucional). Mas, na realidade, a interpretação do quadro de competências atribuidas só pode resultar da conjugação daqueles dois blocos de normas.

A segunda consequência deste modelo de clarificação das competências da União diz respeito à subsistência de uma denominada "cláusula de flexibilidade" (artigo 352.º do Tratado sobre o Funcionamento da União) que permite à União exercer poderes não expressamente previstos nos Tratados mas que se tornam imprescindíveis para alcançar os objectivos da União consagrados nesses mesmos Tratados (mantendo-se a exigência de tal necessidade concitar o apoio unânime dos Estados-Membros). Construida na senda da regra antecedente atinente aos denominados "poderes implícitos" para a realização do mercado interno (artigo 308.º do Tratado de Nice), esta "cláusula de flexibilidade" tem agora um âmbito de aplicação mais vasto porquanto se reporta à totalidade dos objectivos da União (incluindo portanto de forma inequívoca objectivos para além da mera realização do mercado interno ou do âmbito de aplicação do tradicional pilar comunitário).

Em suma, o Tratado de Lisboa **cumpre a incumbência da Declaração n.º 23 Anexa ao Tratado de Nice de clarificar as regras de delimitação das competências da União e dos Estados-Membros** sem que se possa dizer, contudo, que o tenha feito introduzindo alterações radicais no modelo anteriormente vigente ou sem que se tenha introduzido factores de rigidez nas perspectivas da sua evolução em termos de aplicação prática.

O quarto bloco de inovações introduzidas pelo Tratado de Lisboa diz respeito ao **conteúdo das políticas europeias**. Neste ponto estamos num domínio para além do perímetro da reforma definido pela já várias vezes referida Declaração n.º 23 Anexa ao Tratado de Nice, mas que se filia directamente nas finalidades identificadas pela Declaração de Laeken do Conselho

Europeu e pode dizer-se que se insere na preocupação de colocar as prioridades do projecto europeu em linha com as aspirações dos cidadãos europeus.

Neste domínio, o Tratado de Lisboa **recupera, no essencial, as inovações introduzidas pelo Tratado Constitucional**, embora com algumas adaptações e precisões adicionais. Contudo, algumas das ambiguidades e insuficiências assinaladas no Tratado Constitucional também subsistiram, dado que o mandato conferido à Conferência Intergovernamental de 2007 pelo Conselho Europeu de Bruxelas, de Junho desse ano, sob presidência alemã, estava claramente norteado pela preocupação de não reabrir o debate sobre os grandes temas de fundo sobre os quais se tinha debruçado a Convenção sobre o Futuro da Europa e a antecedente Conferência Intergovernamental de 2004.

Não caberia no âmbito desta intervenção um levantamento exaustivo de tais inovações. Até porque algumas delas (por exemplo no domínio da Saúde) exigiriam uma análise minuciosa e um cuidadoso exercício interpretativo. Limitar-me-ei, por isso, a referir apenas alguns aspectos que me parecem mais relevantes a título meramente ilustrativo.

Começaria por uma referência a um domínio de matérias muito relevante e que tem estado no centro das atenções e preocupações gerais, o da **"governança económica"** no quadro da União Económica e Monetária. Na realidade, desde os próprios debates levados a cabo no quadro da Convenção sobre o Futuro da Europa que se havia tornado evidente que não existia, entre os Estados-Membros, um consenso para introduzir alterações relevantes nas regras da União Económica e Monetária (muito em especial por oposição da Alemanha).

Mesmo assim, o Tratado de Lisboa (na senda do Tratado Constitucional) institucionaliza a existência do denominado Eurogrupo e a sua presidência estável (definido como uma reunião informal dos Ministros das Finanças dos países que partilham a moeda única europeia no Protocolo referente ao Eurogrupo), clarificando que tais reuniões se destinam a reforçar a coordenação das políticas económicas dos Estados que partilham a moeda comum, incluindo a verificação das condições de admissão de novos membros da zona Euro.

Quanto às matérias substantivas, o Tratado de Lisboa introduziu alterações cirúrgicas nas regras atinentes ao processo por défices excessivos (em especial nos artigos 122.° e 136.° do Tratado sobre o Funcionamento da União Europeia), na senda do conflito que surgiu em 2003 sobre os limites dos poderes da Comissão e do Conselho nesta sede. Neste domínio, o Tratado de Lisboa fica muito aquém do que era preconizado e desejado por alguns quanto à consagração de um "governo económico europeu". Sem embargo, podemos verificar que a pressão da crise financeira e económica global destes últimos anos colocou na agenda europeia um conjunto de questões que têm a ver, directa ou indirectamente, com essa ideia genérica de "governo económico", sendo evidente que para responder a essas questões têm sido propostas e adoptadas iniciativas e soluções que estão para além de uma estrita leitura das regras legais que lhes servem de fundamento. O paradoxo reside, pois, no facto de, por pressão da crise, se terem ultrapassado os limites apertados em que o debate político entre 2003 e 2007 se debruçou sobre a temática da "governança económica europeia"...

É verdade que algumas dessas decisões, levadas às suas últimas consequências, poderão exigir, a prazo, alterações nos próprios Tratados, como seja o caso da hipotética criação de um Fundo Monetário Europeu, mas em termos práticos foi possível adoptar um mecanismo de ajudas financeira de emergência à Grécia conjugando contribuições do orçamento comunitário e dos Estados-Membros, desta forma contornando a regra "*no bail-out*" constante dos próprios Tratados...

Um outro domínio em que o Tratado de Lisboa inova, por comparação com o Tratado Constitucional, diz respeito à **política energética e de combate às alterações climáticas** (artigo 194.º do Tratado sobre o Funcionamento da União Europeia). Com efeito, a relevância do tema afirmou-se na agenda internacional durante a presidência do Reino Unido, no segundo semestre de 2005, registando-se o curioso paradoxo de ter sido exactamente o Reino Unido que maior resistência havia oposto, em 2004, a um reforço das bases jurídicas sobre estas matérias no Tratado Constitucional... Neste contexto, o Tratado de Lisboa acolhe uma base legal mais ampla e ambiciosa, com especial destaque para o princípio da **segurança no aprovisionamento energético** e da **solidariedade energética** entre os Estados-Membros.

Como já antes referi, a abolição da estrutura de pilares revestiu-se de particular relevância nos domínios da **política externa e de segurança e defesa** e da **cooperação policial e judiciária penal**.

No que concerne o antigo segundo pilar, a solução encontrada não correspondeu nem a uma pura e simples "comunitarização" da política externa, de segurança e defesa nem a uma manutenção intacta da sua natureza intergovernamental. Tratou-se, antes, de uma solução que poderíamos considerar tipicamente "europeia", no sentido de se situar a "meio caminho" entre as teses contrapostas, assente num mecanismo institucional cujo ponto de aplicação e convergência é a Alta Representante para a Política Externa e de Segurança que simultaneamente preside ao Conselho de Ministros dos Negócios Estrangeiros e é Vice-Presidente da Comissão Europeia encarregue da coordenação as competências externas comunitárias.

O aspecto mais relevante desta inovação consiste em manter um conjunto de especificidades do processo decisório próprio da política externa e de segurança (designadamente a dominância da regra da unanimidade e um poder de iniciativa partilhado entre a Alta Representante e a Comissão) e uma estrutura institucional de linha denominada Serviço Comum de Acção Externa, encarregue de funções operacionais equiparáveis aos serviços diplomáticos nacionais (artigo 27.º, n.º 3 do Tratado da União Europeia).

O objectivo pretendido com estas inovações consiste em garantir a **coerência e a convergência das diferentes vertentes da acção externa da União**, aliando a dimensão política, diplomática, de segurança e de defesa com a dimensão das competências comunitárias externas (comércio, relações económicas externas, ajuda ao desenvolvimento, ajuda humanitária) e a projecção na ordem externa das políticas comunitárias internas da União. Este quadro de referência constitui uma incógnita quanto à sua concreta aplicação prática, suscitando reservas e desconfianças quer da parte dos que defendem uma visão predominantemente intergovernamental da política externa quer dos que favorecem uma visão mais orientada para a prevalência do tradicional método comunitário.

Os defensores de uma visão marcadamente intergovernamental receiam que este "sistema de vasos comunicantes", criado inovatoriamente pelo Tratado de Lisboa, acabe por marcar uma atracção dos domínios da política externa e de segurança e defesa pelos processos decisórios comunitários, fruto do labor da bem rodada máquina da Comissão.

Por contraponto, os defensores do método comunitário receiam que a convergência assim proporcionada corresponda a uma progressiva subalternização das competências externas comunitárias sob a tutela da dinâmica intergovernamental, de que poderia resultar um alargamento da esfera de intervenção do Conselho e um reforço da posição relativa dos Estados de maior peso económico, dimensão política e efectiva projecção internacional.

A dinâmica desencadeada pelas inovações institucionais introduzidas pelo Tratado de Lisboa terá seguramente projecção no plano substantivo das políticas europeias. Merecem, a este propósito, especial destaque, a previsão de **cooperações reforçadas no domínio da política externa e de segurança** (embora o seu desencadeamento dependa de uma decisão unânime dos Estados-Membros, nos termos do artigo 329, n.° 2 do Tratado sobre o Funcionamento da União) e os casos especiais da **cooperação estruturada no domínio da defesa** (artigo 42.°, n.° 6 e artigo 46.° do Tratado da União Europeia) e da inovatória **cláusula de solidariedade** entre os Estados-Membros em caso de agressão ou de catástrofe natural, prevista no n.° 7 do artigo 46.° do Tratado da União Europeia (uma sequência mais ampla do artigo 5.° do Tratado de Bruxelas que criou a União da Europa Ocidental e cuja extinção resulta do novo marco aberto pelo Tratado de Lisboa).

A cooperação estruturada em matéria de defesa constitui, neste particular, sem dúvida, a mais relevante inovação. Desde logo porque, diferentemente do que sucedia com o Tratado de Nice, a política de defesa era exactamente a única área onde os Tratados impediam o desenvolvimento de qualquer forma de cooperação reforçada. Com o Tratado de Lisboa institui-se, portanto, uma cooperação reforçada de tipo especial, no sentido de que um grupo de países pode estabelecer, no quadro da União, uma cooperação mais estreita em matérias militares e de defesa, de modo a que a participação nessa forma especial de cooperação resulta de uma decisão voluntária dos Estados que o pretendam desde que preencham alguns requisitos e capacidades nos domínios em causa. Neste particular, a cooperação estruturada inspira-se no modelo da União Económica e Monetária e o seu desenvolvimento depende tanto da vontade política do seu núcleo inicial como da credibilidade dos países participantes.

A evolução da União no sentido de se dotar de uma capacidade militar e de defesa própria assinala um objectivo de transição de uma potência global meramente civil para um protagonista político global capaz de dispensar segurança e assumir responsabilidades no plano militar. Esta transição, em bom rigor, foi iniciada com base no Tratado de Amesterdão e com um conjunto de missões de paz, humanitárias e de gestão de crises levadas a cabo sob o impulso e responsabilidade da União Europeia. Mas são os mecanismos previstos no Tratado de Lisboa que projectam esta dimensão da integração europeia para um limiar mais ambicioso de cooperação, embora permaneça ainda uma incógnita a concreta forma como este novo patamar se vai desenvolver no futuro.

Finalmente, é no domínio do denominado **Espaço de Liberdade, Segurança e Justiça** que relevam as inovações introduzidas pelo Tratado de Lisboa, inovações essas que, em parte, também decorrem da abolição da estrutura de pilares da União. Neste domínio de matérias, no que concerne à cooperação policial e à cooperação judiciária penal, a aproximação ao método comunitário clássico é mais pronunciada do que no caso do antigo segundo pilar, da política externa e de segurança. Sem embargo, subsistem algumas especificidades como condição para esta "comunitarização" do antigo terceiro pilar: o direito de iniciativa pode ser partilhado pela Comissão e por um quarto dos Estados-Membros (artigo 76.° do Tratado sobre o Funcionamento da União), a adoção de regras no domínio penal e processual penal está sujeita a um mecanismo de suspensão especial (o denominado "travão de emergência" previsto no artigo 83.°, n.° 3 do Tratado sobre o Funcionamento da União Europeia) e as regras de controlo do respeito pelo princípio da subsidiariedade são mais abertas que o correspondente regime geral (artigo 7.°, n.° 2, do Protocolo Relativo à Aplicação dos Princípios da Subsidiariedade e da Proporcionalidade).

Quanto às matérias que já anteriormente integravam o pilar comunitário (imigração, asilo, fronteiras externas, liberdade de circulação), de um modo geral, o Tratado de Lisboa consolida e clarifica as bases legais já existentes, sendo a principal inovação o reconhecimento de uma competência em matéria de **integração dos imigrantes** nas sociedades europeias de acolhimento, embora este domínio de matéria já fosse objecto de diversos programas ao nível da União mesmo na ausência de base legal explícita.

A principal inovação, como já se disse, reporta-se à aproximação do método comunitário das questões atinentes ao **direito penal e processual penal** (artigos 82.° a 86.° do Tratado sobre o Funcionamento da União Europeia). Com efeito, ao abandonar a natureza meramente intergovernamental destas matérias e a consequente regra da unanimidade, permitindo portanto o recurso a decisões adoptadas por maioria qualificada, foram introduzidas novas derrogações e regras excepcionais (mecanismos variáveis de *opt-in* e de *opt-out*) de que se podem prevalecer o Reino Unido, a Irlanda e a Dinamarca, nos termos dos protocolos correspondentes.

Estas derrogações tornam este domínio de matérias mais complexo e de mais difícil compreensão, seguindo um percurso em certa medida homólogo aos regimes excepcionais aplicados às políticas de imigração, asilo, fronteiras externas e desenvolvimento do *acquis* de Schengen que já haviam sido consagrados quer no Tratado de Maastricht quer no Tratado de Amesterdão. Em especial passam a ser distintas as regras de adopção de legislação inovadora nestas questões em face da revisão das regras já em vigor que, tendo sido adoptadas por unanimidade poderão passar a ser revistas apenas através de maioria qualificada, abrindo portanto um espaço para reformulação das condições de aplicação das regras assim modificadas àqueles países que podem beneficiar das aludidas derrogações.

Uma derradeira nota em matéria de inovações introduzidas pelo Tratado de Lisboa sobre as quais incidirão outras intervenções previstas neste Colóquio, mas que não podem, contudo, dispensar nesta minha apresentação uma referência telegráfica. Cumpre sublinhar a relevância das novas regras que facilitam o recurso ao **mecanismo das cooperações reforçadas** (artigos 326.º e seguintes do Tratado sobre o Funcionamento da União), mecanismo esse desencadeado recentemente e pela primeira vez pela Comissão Europeia sobre a cooperação judiciária civil em matéria de divórcios, as inovações introduzidas nos Protocolos referentes ao papel dos parlamentos nacionais e ao controlo da observância do princípio da subsidiariedade e da proporcionalidade, a generalização do denominado processo legislativo ordinário (com a consequente revalorização e ampliação do papel do Parlamento Europeu como co-legislador), o novo equilíbrio de competências entre o Conselho e o Parlamento no processo de adopção do orçamento (consequência da abolição da destrinça entre despesas obrigatórias e não-obrigatórias), bem como uma nova ampliação das matérias objecto de decisão por maioria qualificada (permanecendo a exigência de unanimidade para os domínios considerados mais sensíveis em matéria fiscal, social, defesa e política externa, como já se assinalou).

A compreensão destas inovações tem que ser feita à luz do **novo quadro institucional** quer no que diz respeito à emergência do **Conselho Europeu** como instituição *a se*, dotada de um presidente permanente eleito por dois anos e meio, quer no que diz respeito à criação do cargo de **Alto Representante para a Política Externa e de Segurança**. Estas inovações institucionais não deixarão naturalmente de implicar uma reformulação da dinâmica do processo decisório em geral, não sendo possível antecipar todas as suas possíveis repercussões futuras.

Sem embargo será de antever uma **relativa perda de centralidade do papel institucional da Comissão Europeia** (embora os seus poderes institucionais essenciais tenham sido mantidos inalterados – exclusivo do poder de iniciativa e faculdade de decidir da retirada de propostas, exigência de unanimidade para a alteração pelo Conselho das suas iniciativas, dupla confiança política perante o Conselho e o Parlamento), quer por força dos novos protagonismos institucionais do Presidente do Conselho Europeu e da Alta Representante, quer em virtude do relacionamento directo entre o Parlamento Europeu e o Conselho (muito especialmente em matéria orçamental, como o demonstra a negociação em curso sobre a instituição do Serviço Exterior de Acção Comum) a expensas do papel da Comissão. Do mesmo modo esta nova dinâmica institucional irá traduzir-se numa **subalternização das presidências rotativas** semestrais dos Estados-Membros, com consequências no específico protagonismo dos respectivos chefes de governo que assim deixam de presidir ao Conselho Europeu embora os membros dos governos nacionais continuem a presidir às formações sectoriais do Conselho (com excepção do Conselho dos Negócios Estrangeiros).

Finalmente cabe referir a inovação que consiste no **novo método de atribuição dos votos no Conselho** (relevando o critério da população dos Estados-Membros na respectiva distribuição) e sua projecção no cálculo das maiorias qualificadas, que passam assim a assentar numa "dupla chave" (55% dos Estados-Membros desde que correspondendo a 65% da população). Embora esta inovação não produza efeitos imediatos (prevendo-se apenas a sua aplicação a partir de 2014 e, mesmo assim, com a possibilidade de derrogação tal como definido no Protocolo exigido pela Polónia), esta recalibragem do peso relativo dos Estados, tornando-os mais dependentes da sua dimensão populacional constitui, sem dúvida, um elemento maior da dinâmica política que emergirá da entrada em vigor do Tratado de Lisboa.

O aspecto mais marcante desta inovação reporta-se à diferenciação assim introduzida do peso relativo da Alemanha e da França no processo decisório. Há quem veja nesta inovação a consagração de um "directório", o que me parece abusivo e desproporcionado. Claro que não se pode negar que deste novo modelo de repartição dos votos no Conselho beneficiam sobretudo os Estados de grande dimensão populacional e os de menor dimensão. Em termos comparativos com o modelo de Nice, os países mais sacrificados em termos de peso relativo são os de média dimensão(entre os quais Portugal), mas na realidade pode-se dizer que foram a Espanha e a Polónia que mais peso perderam em termos relativos. Contudo, o reforço do peso relativo dos quatro países de maior dimensão populacional (em especial da Alemanha) é menos relevante no tocante às maiorias de aprovação do que em relação à formação das denominadas minorias de bloqueio (que passam a exigir 35% da população desde que correspondendo a, pelo menos, quatro Estados-Membros).

Sendo, pois, incontestável que para a formação destas minorias de bloqueio o peso relativo da Alemanha sai reforçado e que, consequentemente, a convergência da Alemanha e de outro dos Estados de maior dimensão corresponde, por si só, a uma parte substancial da representatividade populacional exigida para bloquear uma decisão, a verdade, contudo, é que me parece abusivo identificar o reforço das condições de bloqueio com a denominada "tese do directório". É que existe uma diferença substancial entre bloquear e dirigir e não me parece possível identificar, nestas inovações institucionais, uma diferença qualitativa em relação aos requisitos de aprovação de decisões pela positiva tal como eles se encontram formulados no Tratado de Nice.

AVALIAÇÃO GLOBAL DO SISTEMA ORGÂNICO E INSTITUCIONAL DA UNIÃO EUROPEIA APÓS O TRATADO DE LISBOA

FAUSTO DE QUADROS
Professor Catedrático da Faculdade de Direito da Universidade de Lisboa
Cátedra Jean Monnet em Direito Constitucional
e Direito Administrativo da União Europeia

SUMÁRIO: 1. Introdução. 2. Os órgãos que sofreram alterações: a) O Conselho Europeu; b) O Parlamento Europeu; c) A Comissão Europeia; d) O Conselho; e) O Alto Representante da União para os Negócios Estrangeiros e a Política de Segurança; f) O Tribunal de Justiça da União Europeia. 3. Conclusão.

1. Introdução

Em todas as revisões dos Tratados Comunitários ou da União Europeia houve sempre uma preocupação quanto aquilo que se tem vindo a chamar de "reforma institucional". Com isso pretendeu-se sempre significar a necessidade de conceder progressivamente maior eficácia, maior celeridade e maior simplicidade ao processo de decisão da União. Isso aconteceu também com o Tratado de Lisboa. Primeiro, no fracassado Tratado Constitucional, depois, no Tratado de Lisboa, era necessário introduzir adaptações no sistema orgânico ou institucional da União que haviam sido prometidas no Tratado de Nice e nos dois Tratados de Adesão de 2003 e de 2006, para se adaptar a estrutura orgânica e institucional da União aos dois maciços alargamentos de 2004 e 2007, para se preparar, desde já, a União para os alargamentos, maiores ou menores, que aí virão, e para se aprofundar a integração política.

Aquilo que nos propomos fazer nesta sessão é examinar quais as principais alterações que o Tratado de Lisboa introduziu no sistema orgânico e institucional da União e que significado elas tiveram.

Para aproveitarmos o melhor possível o tempo de que dispomos para um tema tão complexo e vasto temos, todavia, que o delimitar melhor. Assim, deixamos aqui estas três prevenções: a primeira é a de que só vamos assinalar as modificações mais importantes que o Tratado de Lisboa introduziu na matéria; a segunda é a de que só nos ocuparemos dos órgãos principais, e, mesmo dentro deles, não levaremos aqui em conta o Tribunal de Justiça da União Europeia, que vai ser objecto de uma sessão autónoma nestas Jornadas.

2. Os órgãos que sofreram alterações

a) *O Conselho Europeu*

Este órgão passa a estar regulado nos arts. 15.º e 26.º do Tratado da União Europeia (TUE ou UE). A sua função continua a ser fundamentalmente política. O Conselho Europeu é o grande órgão de condução e orientação *política* da União Europeia, cabendo-lhe definir o rumo político da União, incluindo a superior orientação da PESC (vejam-se os arts. 15.º, n.º 1, e 26.º, n.º 1, par. 1, UE).

A primeira grande nota a salientar é a de que, não obstante, segundo o art. 15.º, n.º 1, UE, não ter competência legislativa, o Conselho Europeu passa a ter competência importante no decurso do processo legislativo ordinário em matéria de segurança social e em matéria penal (arts. 48.º, par. 2, 82.º, n.º 3, e 83.º, n.º 3, TFUE). Além disso, ele passa a poder tomar decisões importantes, como é o caso das previstas no art. 236.º TFUE. Esses actos encontram-se sujeitos, de modo expresso, ao controlo da legalidade pelo Tribunal de Justiça através do recurso de anulação, mediante o reconhecimento ao Conselho Europeu, para o efeito, de capacidade judiciária passiva, prevista no art. 263.º, par. 1, TFUE.

Tudo isso levou o TUE a introduzi-lo na orgânica da União Europeia através da sua inclusão por aquele Tratado nas "instituições" da UE (art. 13.º UE).

Quanto à sua composição, passa a ter nele assento o Alto Representante da União para os Negócios Estrangeiros e a Política de Segurança, embora apenas como *participante*, isto é, *não como seu vogal*, pelo que não terá aí direito de voto (art. 15.º, n.º 1, par. 2, UE).

Mas a maior novidade quanto ao Conselho Europeu tem a ver com o seu presidente. Passa a presidi-lo, não o Chefe de Estado ou de Governo do Estado que *semestralmente* e por rotação preside ao Conselho (salvo o Conselho de Ministros dos Negócios Estrangeiros, como veremos), mas uma personalidade *permanente*, eleita pelo Conselho Europeu, por maioria qualificada, para um mandato de dois anos e meio, renovável. Assim eleito, o Presidente pode ser exonerado pelo Conselho Europeu (art. 15.º, n.º 5, UE).

A competência do Presidente é restrita: ele limita-se a coordenar os trabalhos do Conselho Europeu e, como até aqui, assegura a representação externa da União nos planos diplomático e protocolar da PESC, embora tenha de passar a repartir essa função com o Alto Representante (art. 15.º, n.º 6, 2ª parte, UE). É exagerado, contudo, chamar-se-lhe "Presidente da União". Não há nenhum Presidente formal da União.

O Conselho Europeu delibera por consenso, salvo disposição diferente dos Tratados (art. 15.º, n.º 4, UE).

b) *O Parlamento Europeu*

No que toca à sua composição, o número de deputados do Parlamento subiu de 750 para 751. Isso resultou do facto de se ter satisfeito a exigência da Itália de ter mais um deputado, como decorre das Declarações n.º 4 e 5 anexas ao Tratado de Lisboa. O art. 14.º, n.º 2, UE, retrata de forma curiosa essa alteração, com a afirmação de que o número de deputados não pode ser superior a setecentos e cinquenta, mais o Presidente – o que, para todos os efeitos, dá a soma de 751.

Quanto ao sistema de eleição dos deputados, o Tratado de Lisboa pouco inovou. De facto, o art. 223.º TFUE continua a impor ao Parlamento a obrigação de ele chegar a um processo eleitoral uniforme em todos os Estados, ou, ao menos, baseado em "princípios comuns" aos Estados. Portanto, as alterações trazidas por aquele preceito ao antigo art. 190.º CE são meramente formais.

Não vai ser fácil chegar-se a esse processo uniforme de eleição. De facto, para tanto é necessário que o Conselho, *por unanimidade*, estabeleça as disposições prévias, após a aprovação do Parlamento Europeu por uma larga maioria (maioria dos membros *que o compõem*) e, depois, o sistema que desse modo for adoptado terá de ser aprovado por *todos* os Estados membros, de harmonia com as respectivas regras constitucionais. Conhecendo-se a diferença que historicamente separa alguns Estados em matéria de concepção quanto aos sistemas eleitorais, antevêem-se sérias dificuldades em, com respeito pelo art. 223.º TFUE, se alcançar o há tanto tempo desejado processo eleitoral uniforme, que defina uma relação igual de representação entre eleitores e eleitos em todos os Estados membros.

A competência do Parlamento Europeu foi substancialmente reforçada pelo Tratado de Lisboa, e, com isso, o seu papel no conjunto orgânico e institucional global da União. Podem-se sumariar desta forma os principais traços reveladores desse reforço:

1.º – houve a preocupação dos autores do Tratado Constitucional e, por conseguinte, também do Tratado de Lisboa, de colocar ao mesmo nível, quanto ao poder de decisão, o Parlamento e o Conselho. Isso não foi ainda plenamente alcançado porque em algumas matérias importantes a última palavra continua ainda a pertencer ao Conselho, num equilíbrio difícil que o Tratado tenta conseguir entre a legitimidade democrática do Parlamento Europeu (enquanto representa os cidadãos europeus e, portanto, a vontade popular) e a legitimidade do Conselho (enquanto representa a legitimidade dos Estados, ou seja, a legitimidade intergovernamental e, portanto, a vontade dos Estados). Mas se não foi plenamente alcançado houve, sem dúvida, uma sensível promoção do estatuto do Parlamento Europeu por confronto com o do Conselho;

2.º – passou a haver mais cerca de quarenta casos de co-decisão entre o Parlamento Europeu e o Conselho, o que aumentou sensivelmente o número total de casos em que os dois órgãos nos aparecem como *co-legisladores*. Por outro lado, do ponto de vista da semântica jurídica não é indiferente que o processo de co-decisão tenha passado a designar-se como processo legislativo ordinário (art. 289.º, n.º 1, TFUE);

3.º – foi conferido ao Parlamento um importante poder de *aprovação* no âmbito do novo processo legislativo especial, merecendo destaque a aprovação dos acordos comerciais que abranjam domínios aos quais se aplica quer o processo legislativo ordinário, quer o processo legislativo especial quando é exigida a participação do Parlamento (art. 289.º, n.º 2, TFUE), e que não englobem a PESC (art. 218.º, n.º 6, *a*, TFUE). Dentro desses acordos ganham especial importância o acordo de adesão da União à Convenção Europeia dos Direitos do Homem e os acordos com consequências orçamentais significativas para a União. Noutros casos, o Parlamento é só consultado (art. 218.º, n.º 6, *b*, TFUE);

4.º – em matérias esparsas concedeu-se uma intervenção importante ao Parlamento. Destacamos, pelo seu significado especial, o seu poder de aprovar alterações ao Tratado pelo processo de revisão simplificado (art. 48.º, n.º 7, par. 4, UE) e o seu poder de aprovar (em lugar de, como acontecia antes, só ser consultado) o exercício do poder quase-constituinte do Conselho previsto no art. 352.º TFUE.

Todavia, o Parlamento continua afastado do Eurogrupo, como se vê pelos arts. 136.º a 138.º TFUE, mesmo depois de este ficar consagrado como reunião informal dos Ministros das Finanças da zona euro pelo art. 137.º TFUE, que remete para o efeito para o *Protocolo Relativo ao Eurogrupo*, anexo ao Tratado. Ao contrário, ele viu reforçado o seu papel na definição das regras do procedimento de supervisão multilateral, a que se referem os n.ºs 3 e 4 do art. 121.º TFUE (ver art. 121.º, n.º 6).

A competência do Parlamento Europeu no processo de decisão da União não pode ser confundido com a participação dos parlamentos nacionais na União Europeia, da qual se ocupará, aliás, outra sessão destas Jornadas.

c) *A Comissão Europeia*

O estatuto da Comissão e do Conselho foram objecto de viva controvérsia na preparação quer do Tratado Constitucional, quer do Tratado de Lisboa, tendo mesmo sido uma das causas principais do atraso da negociação e da ratificação do Tratado de Lisboa.

Comecemos pela Comissão e vejamos, antes de mais, a sua composição.

De harmonia com o *Protocolo relativo ao alargamento da União Europeia*, anexo ao Tratado de Nice, de 2001, no primeiro mandato que fosse iniciado pela Comissão após a União ter passado a ser composta por 27 Estados membros, a Comissão teria menos Comissários do que o número de Estados membros. O Tratado de Lisboa, na redacção que deu ao art. 17.º UE, modificou este regime. Assim, a Comissão designada para exercer o seu mandato entre a data da entrada em vigor daquele Tratado e 31 de Outubro de 2014 (portando, a Comissão em funções no presente mandato), continuará a ter um nacional por Estado membro, inclusive o seu Presidente e o Alto Representante para os Negócios Estrangeiros na medida em que este também é membro da Comissão (art. 17.º, n.º 4, UE).

Só no mandato seguinte, isto é, a partir de 1 de Novembro de 2014, é que a Comissão passará a ter membros em número equivalente a dois terços do número de Estados membros, salvo se, entretanto, o Conselho, por unanimidade, decidir fixar um outro número. Os membros da Comissão, assim designados, serão escolhidos de entre nacionais dos Estados membros com base num sistema de rotação igualitária e que atenda à posição demográfica e geográfica relativa dos Estados. Esse sistema de rotação será definido pelo Conselho Europeu, deliberando por unanimidade (arts. 17.º, n.º 5, UE, e 244.º TFUE).

O adiamento da redução do número de membros da Comissão para 2014 foi uma exigência sobretudo da Polónia.

A nossa posição sobre o problema é, em breves palavras, a seguinte. Não sendo a Comissão um órgão de representação dos Estados e dos seus interesses (essa função cabe ao Conselho) mas, sim, do *"interesse geral da União"* (art. 170.º, n.º 1, UE, com itálico nosso), tem lógica não se exigir que a Comissão tenha necessariamente nacionais de todos os Estados membros. Todavia, a prática tem mostrado que os Estados membros sentem que a Comissão está mais próxima deles do que o Conselho, porque aquela os compreende porventura melhor do que o Conselho, e que, para a defesa do seu quotidiano na União, confiam mais na Comissão, que é um órgão permanente, do que no Conselho, que se reúne de tempos a tempos. Tudo isto explica a dificuldade que os Estados têm tido em aceitar perder o seu nacional como Comissário.

Vejamos agora o modo de designação da Comissão, em globo, e dos Comissários.

Mantém-se o regime de designação que vinha do Tratado de Nice, com as seguintes inovações.

Quanto ao Presidente da Comissão, ele passa agora a ser *eleito* pelo Parlamento, segundo o art. 17.º, n.º 7, UE. O mesmo preceito passa a exigir que o Conselho Europeu, ao propor ao Parlamento Europeu um candidato a Presidente da Comissão, atenda aos resultados das eleições para o Parlamento Europeu – o que o art. 214.º CE, na versão anterior ao Tratado de Lisboa, não requeria. Isto significa, portanto, que o Tratado quer que os cidadãos europeus, quando votam nas eleições para o Parlamento Europeu, indiquem ou, pelo menos, sugiram a que partido deve pertencer o futuro

Presidente da Comissão, como o fazem hoje, sobretudo, os eleitores alemães quanto ao seu Chanceler. Por outro lado, o mesmo art. 17.º, n.º 7, UE, deixa agora claro que a eleição pelo Parlamento Europeu dessa individualidade para Presidente da Comissão terá de ser levada a cabo pela maioria dos membros que *compõem* o Parlamento (ou seja, pelo número de 376 votos em 751), o que o TUE na versão de Nice não exigia e que torna agora mais difícil a eleição do Presidente da Comissão.

No que toca à escolha dos outros Comissários, mantém-se o regime de Nice: o Conselho e o Presidente da Comissão eleito, elaboram, de comum acordo, a lista das personalidades que tencionam nomear membros da Comissão, *com base* nas *sugestões* dos Estados membros, e submetem-na ao Parlamento.

Passemos, por fim, à competência tanto do Presidente da Comissão como da Comissão como órgão colegial.

Quanto ao primeiro, pelas três alíneas do n.º 6 do art. 17.º UE, ele, como já acontecia antes do Tratado de Lisboa, dirige e coordena a actuação da Comissão e nomeia livremente os vice-presidentes, salvo o Alto Representante. Além disso, é ele quem distribui os pelouros pelos Comissários, podendo modificar essa distribuição ao longo do mandato. Ou seja, não é um *primus inter pares*, é um verdadeiro Presidente, análogo ao Chefe de um Governo, que neste caso é a Comissão.

Mas o Tratado de Lisboa ainda mais reforça este figurino do Presidente, sobretudo através destes três traços: ele participa na escolha ao Alto Representante, não obstante este ser um membro do Conselho, mais concretamente, o Presidente do Conselho na formação dos Negócios Estrangeiros (art. 18.º, n.º 1, UE); pelo referido art. 17.º, n.º 6, UE, ele passa a poder exonerar ou demitir livremente um membro da Comissão, embora, quanto ao Alto Representante, a decisão final caiba sempre ao Conselho Europeu (o citado art. 18.º, n.º 1, UE); e, de facto, *passa a ser ele o condutor, em última instância, da acção externa da União*, o que se compreende e se aceita porque o Alto Representante está-lhe subordinado como Vice-Presidente da Comissão (e como se viu há dias com a substituição, pelo Presidente da Comissão e não pelo Alto-Representante, do Director-Geral das Relações Externas).

Isto mostra-nos como é correcto dizer-se que o Presidente da Comissão viu, em globo, o seu papel muito reforçado pelo Tratado de Lisboa.

No que respeita à competência da Comissão como órgão colegial, há que sublinhar estes quatro aspectos: ela conserva o seu amplo poder de iniciativa, que deve repartir com os Estados membros e o Alto Representante no domínio da PESC, com os Estados membros no domínio do espaço de liberdade, segurança e justiça, e com os Estados membros e o Banco Central Europeu no quadro da União Económica e Monetária; o TFUE, no seu art. 291.º, n.º 2, condensa, de forma mais disciplinada, a sua competência de execução; o art. 290.º TFUE permite uma ampla delegação de poderes, pelo Conselho e pelo Parlamento Europeu, na Comissão, para a prática de actos não legislativos de alcance geral que completem ou alterem certos elementos não essenciais do acto legislativo, na sequência do disposto nos arts. 288.º e 289.º TFUE; e os arts. 11.º, n.º 4, UE, e 24.º TFUE, criam o *direito de iniciativa popular*, segundo o qual um milhão, pelo menos, de cidadãos da União, nacionais necessariamente de um número *"significativo"* de Estados membros (número que será definido pelo Parlamento Europeu e pelo Conselho), pode tomar a iniciativa de convidar a Comissão a apresentar, no âmbito da sua competência, uma proposta para a prática de um acto jurídico da União em domínio ou domínios que eles considerem necessários para o cumprimento dos Tratados. Por aqueles preceitos percebe-se que essa iniciativa não obriga a Comissão, mas convenhamos que será a esta muito difícil, no plano político, não atender a uma iniciativa subscrita por um tão elevado número de cidadãos, e sobretudo se eles forem de um grande número de Estados.

Todavia, sublinhe-se que na letra do Tratado de Lisboa toda a competência da Comissão encontra um limite geral por força do novo art. 291.º, n.º 1, TFUE, que estabelece que "Os Estados membros tomam todas as medidas de direito interno necessárias à execução dos actos juridicamente vinculativos da União". Contudo, este preceito não é novo e já existia, ainda que não escrito, no Direito da União. Ele resulta de dois princípios básicos do sistema jurídico da União desde sempre: o princípio da subsidiariedade e o princípio de que os Estados são a "Administração indirecta" da União, cabendo-lhes não só a *primazia* como a *obrigação* na aplicação do Direito da União. Portanto, na sua substância, o art. 291.º, n.º 1, não traz nada de novo.

d) *O Conselho*

O Conselho sofreu com o Tratado de Lisboa sensíveis alterações, quer na sua estrutura, quer no modo do seu funcionamento.

Vejamos primeiro a estrutura.

As formações do Conselho continuam a ser presididas semestralmente pelos Estados em rotação, como até aqui, salvo o Conselho de Ministros de Assuntos Gerais (agora, Conselho dos Negócios Estrangeiros), que passa a ser presidido pelo Alto Representante, eleito pelo Conselho Europeu por maioria qualificada e com o acordo do Presidente da Comissão.

Quanto ao funcionamento do Conselho, aumentam os casos em que a votação do Conselho passa da regra da unanimidade para a da maioria qualificada. Mas foi alterada a forma de calcular essa maioria qualificada – o que se traduziu num outro ponto dos mais controvertidos de toda a negociação do Tratado de Lisboa. Vejamos.

À data da entrada em vigor desse Tratado, por força da conjugação do *Protocolo relativo ao alargamento da União Europeia*, anexo ao Tratado de Nice, da *Declaração respeitante ao alargamento da União Europeia*, aprovada pela Cimeira de Nice, e dos Tratados de Adesão de 2003 e 2006, a maioria qualificada era calculada em função dos três seguintes critérios cumulativos:

1.º – número de votos: dos 345 votos ponderados era necessário uma maioria qualificada de 255 (o que equivalia a uma minoria de bloqueio de 91 votos);

2.º – maioria de Estados membros se o Conselho deliberava sob proposta da Comissão ou 2/3 deles (isto é, 17 Estados membros) no caso contrário;

3.º – qualquer Estado membro podia pedir que se verificasse se a maioria qualificada representava 62% da população da União. Se não representasse, o acto não se considerava aprovado.

Até 31 de Outubro de 2014, no cálculo da maioria qualificada continuará a vigorar esse regime, que se aplicava antes do Tratado de Lisboa. Por força dos arts. 16.º, n.º 4, UE, e 238.º TFUE, a partir de 1 de Novembro de 2014 (isto é, a partir do início do próximo mandato do Parlamento Europeu e da Comissão), a maioria qualificada será calculada do seguinte modo:

1.º – desaparece o critério do número de votos ponderados;

2.º – basta que a maioria qualificada corresponda a, pelo menos, 55% dos Estados membros do Conselho, num *mínimo de quinze*, devendo, além disso, estes representar Estados membros que reúnam, no mínimo, 65% da população da União. A minoria de bloqueio terá de ser composta por, pelo menos, quatro Estados membros;

3.º – nos casos em que, nos termos dos Tratados, nem todos os membros do Conselho participem na votação (é o caso das deliberações sobre a moeda única), a maioria qualificada é calculada da seguinte forma:

    a) ela corresponde às mesmas percentagens acima referidas de Estados membros e de população, não sendo, todavia, exigido o número de quinze Estados membros. Além disso, a minoria de bloqueio deve ser composta por, pelo menos, o número mínimo de membros do Conselho que represente mais de 35% da população dos Estados participantes na votação mais um Estado;

    b) se, todavia, o Conselho não deliberar sob proposta da Comissão ou do Alto Representante, a maioria qualificada sobe consideravelmente: ela corresponde a, pelo menos, 72% dos membros do Conselho, devendo estes representar Estados membros participantes que reúnam, no mínimo, 65% da população da União.

Este complexo sistema de cômputo da maioria qualificada, que foi muito difícil de obter, beneficia os Estados médios e pequenos na medida em que exige um elevado número mínimo de Estados independentemente da população, afastando, desse modo, a hipótese de um "Directório" dos Grandes na tomada de deliberações no Conselho. Mas também agrada aos Estados grandes enquanto um pequeno número de Estados pode formar uma minoria de bloqueio. Sublinhe-se, todavia, que não é o mesmo: a minoria de bloqueio apenas *impede que se delibere*; só a maioria qualificada *permite que se delibere*.

Contudo, mesmo depois de 1 de Novembro de 2014 e até 31 de Março de 2017 basta que *um membro* do Conselho peça que o cálculo da maioria qualificada para uma votação específica se reja pelo Tratado de Nice para que o regime definido pelo Tratado de Lisboa só entre em vigor em *1 de Abril de 2017*. Ou seja, nesta matéria o Tratado de Nice pode vir a continuar a vigorar por mais sete anos.

    e) *O Alto Representante da União para os Negócios Estrangeiros e a Política de Segurança*

Quando da preparação do Tratado Constitucional, a Convenção sobre o Futuro da Europa entendeu que se deveria pôr termo a alguma descoordenação que se sentia existir na condução das relações externas da União pelo facto de tanto o Conselho como a Comissão terem competência na matéria e à qual a criação do "Sr. PESC" não fôra capaz de pôr termo.

Foi nesse quadro que o Tratado de Lisboa veio criar, nos arts. 18.° e 27.° UE, o Alto Representante da União para os Negócios Estrangeiros e a Política de Segurança. A sua função é a de conduzir a política externa e de segurança da União, apoiado por um "serviço europeu para a acção externa", que passa a exercer a diplomacia da União (arts. 18.°, n.° 2, e 27.°, n.ºs 2 e 3, UE). Assegura, portanto, a uniformidade e a coerência da actuação da União nas suas relações externas, para o que dispõe de um amplo poder de iniciativa (já citado art. 238.°, n.ºs 2 e 3, *b*, TFUE).

É eleito pelo Conselho Europeu, por maioria qualificada, com o acordo do Presidente da Comissão, e pode, com o mesmo procedimento, ver posto termo ao seu mandato (art. 18.°, n.° 1, UE).

O Alto Representante tem uma dupla função, vulgarmente chamada de "duplo chapéu": a de Ministro dos Negócios Estrangeiros da União, presidindo, nessa condição, ao Conselho dos Negócios Estrangeiros, e actuando, portanto, como "mandatário do Conselho", ou seja, delegado dos Estados membros (art. 18.°, n.° 2, par. 2, UE); e a de Vice-Presidente da Comissão para as relações externas e para a gestão da coerência da acção externa da União.

Se as razões da criação do Alto Representante foram de louvar, o seu estatuto não deixa de criar algumas questões jurídicas de muito difícil compreensão:

1ª – foi sempre um dos princípios básicos e estruturantes das Comunidades e da União, assumido logo pelos pais-fundadores das Comunidades e pelos redactores dos Tratados institutivos nos anos 50 do século passado, a separação *total* entre as duas legitimidades, da Comissão e do Conselho: como se disse atrás, aquela representa o interesse geral ou comum da União, este representa os interesses dos Estados. E ao longo destas seis décadas nunca se subestimou essa separação porque, muitas vezes, os dois interesses em causa entravam em conflito. Ora, bole com toda esta concepção – repete-se, estruturante e fundamental para o sistema institucional da União – o facto de uma mesma personalidade fazer parte, ao mesmo tempo, dos dois órgãos;

2ª – o Presidente da Comissão pode propor a sua destituição, ainda que carecendo de decisão final do Conselho Europeu (o que o art. 17.°, n.° 6, par. 2, conjugado com o art. 18.°, n.° 1, diz de forma simpática). Ou seja, o Presidente da Comissão pode pedir a destituição de um membro do Conselho e presidente de uma das formações do Conselho, porque não parece curial que o Alto Representante cesse funções na Comissão e continue a exercer funções no Conselho, para além, antes de tudo, de os Tratados exigirem que seja a mesma a personalidade a exercer os dois cargos. Ora, nunca se julgara até agora que viesse a ser possível o Presidente da Comissão vir a interferir, ainda que de forma indirecta, na composição e no funcionamento do Conselho;

3ª – se o Parlamento Europeu destituir a Comissão através de uma moção de censura, em conformidade com os arts. 17.º, n.º 8, UE, e 234.º TFUE, o Alto Representante cessa as funções que exerce na Comissão (ver os mesmos artigos). Também aqui ele deixa de presidir ao Conselho Negócios Estrangeiros, já que, também aqui, não se concebe que cesse uma das funções e mantenha a outra. Ou seja, contra a letra dos Tratados, que o não prevêem, o Parlamento Europeu acaba por ter competência, que nunca até agora tivera, para destituir um membro do Conselho, que até é Ministro dos Negócios Estrangeiros e, portanto, presidente de uma das formações do Conselho.

E não vale a pena tentar contrariar esta última razão com a eventual alegação de que, por força da 2ª parte do art. 18.º, n.º 1, UE, só o Conselho Europeu pode destituir o Alto Representante. Não é verdade. O Conselho Europeu pode fazê-lo à sombra e nos termos *daquele concreto preceito*, mas resulta *autonomamente* da redacção do art. 17.º, n.º 8, parte final, UE, que o Parlamento Europeu também o pode destituir sem que se exija para esse efeito a intervenção do Conselho Europeu.

Por tudo isso, sendo o Alto Representante Vice-Presidente da Comissão e, portanto, estando ele, como subordinado do Presidente, sujeito à coordenação deste, o que resulta do sistema do Tratado de Lisboa é que é o Presidente da Comissão o *primeiro* e *principal* condutor da acção externa da União, sem prejuízo de a gestão quotidiana dessa acção externa caber ao Alto Representante. Se fosse verdadeira a frase atribuída ao Secretário de Estado norte-americano Henry Kissinger segundo a qual ele teria perguntado quem era o seu homólogo do lado da UE, ou seja, a quem é que ele se deveria dirigir do lado da União Europeia quando precisasse de tratar de matérias que tivessem a ver com a condução, *ao mais alto nível*, da política externa da UE (frase que, segundo garantem os responsáveis pelos arquivos da Casa Branca, Kissinger nunca utilizou), a resposta seria a de que o Secretário de Estado norte-americano se deveria dirigir ao

Presidente da Comissão, sem prejuízo da competência corrente e quotidiana do Alto Representante para o efeito.

f) *O Tribunal de Justiça da União Europeia*

Como logo de início dissemos, em princípio haveria que referir aqui as alterações trazidas pelo Tratado de Lisboa ao sistema jurisdicional da União Europeia, e que são muitas. Mas, por falta de tempo, não o vamos fazer, ficando essas referências supridas pela sessão que será especialmente dedicada a essa matéria.

3. Conclusão

Como avaliação global e final das modificações introduzidas pelo Tratado de Lisboa no sistema orgânico e institucional da União podemos, pois, dizer que elas permitiram alcançar, no essencial, três objectivos: dar maior eficácia e coerência ao processo de decisão; aprofundar, também por aqui, a integração política, o que se torna urgente para a própria consolidação da União Económica e Monetária (sobretudo quando esta se encontra ameaçada com a actual crise económica), e conseguindo conciliar sensibilidades diferentes dos Estados quanto à defesa dos seus interesses nacionais nesse aprofundamento; e aproximar ainda mais, também por esta via, a União em relação aos cidadãos europeus.

É claro que nesta como em tantas outras matérias constitui sempre um bom tema de reflexão perguntar-se se o Tratado veio dar resposta àquelas que são neste momento, já à entrada da segunda década do século XXI, as necessidades da integração europeia. Mas com a exigência, contida nos Tratados, da unanimidade de todos os vinte e sete Estados membros para a sua revisão, e com a experiência da dificuldade que todos vivemos e sentimos, durante muitos anos, em preparar-se este Tratado, temos que nos habituar à ideia de que o Tratado de Lisboa foi apenas o tratado possível, não foi, porventura, o Tratado necessário, muito menos o Tratado ideal. Mesmo que não gostemos dele, temos, pois, que nos habituar a ele. Não há outro. Com o actual processo de revisão dos Tratados – e não vemos por ora qualquer alternativa a ele – não podemos estar à espera de uma atitude da parte dos cidadãos europeus que não seja esta atitude pragmática.

Lisboa, 15 de Março de 2010

O NOVO REGIME DO PRINCÍPIO DA SUBSIDIARIEDADE E O PAPEL REFORÇADO DOS PARLAMENTOS NACIONAIS

MARGARIDA SALEMA D'OLIVEIRA MARTINS
Professora da Faculdade de Direito da Universidade de Lisboa
e da Universidade Lusíada

SUMÁRIO: 1. Introdução; 2. O princípio da subsidiariedade: alterações introduzidas pelo Tratado de Lisboa; 3. O Protocolo relativo à aplicação dos princípios da subsidiariedade e da proporcionalidade; 4. O défice democrático e o papel dos Parlamentos Nacionais

1. Introdução

Em primeiro lugar, felicito o Instituto de Ciências Jurídico-Políticas, e em particular o Prof. Fausto de Quadros, pela organização destas Jornadas dedicadas ao Tratado de Lisboa e pela escolha dos temas das sucessivas palestras, tendo-me cabido a matéria do princípio da subsidiariedade e do papel dos parlamentos nacionais.

Cumprimento o Sr. Prof. Doutor Pedro Romano Martinez, Ilustre Presidente do Conselho Cientifico desta Faculdade de Direito que me honra com a sua presença nesta mesa e a sua função de moderador.

Cumprimento toda a assistência e espero conseguir, no espaço de tempo de que disponho, referir os pontos essenciais do novo regime do princípio da subsidiariedade.

2. O princípio da subsidiariedade: alterações introduzidas pelo Tratado de Lisboa

A novidade trazida pelo Tratado de Lisboa já há muito era defendida, cabendo desde logo salientar que as modificações introduzidas nos tratados comunitários normalmente são trabalhadas à minúcia durante longo tempo e paulatinamente vão fazendo o seu percurso de obtenção de adesão dos Estados até à sua formalização em conferência intergovernamental. Isto é, nunca podemos pensar que um processo de revisão de tratados é semelhante, por exemplo, a um processo de revisão legislativa.

Com efeito, no quadro dos tratados institutivos das organizações internacionais, cujo processo de revisão é hiper-rígido, só alterações que tenham um apoio muito generalizado têm a possibilidade de singrar.

Ora, o Tratado de Lisboa, de 13 de Dezembro de 2007, designado de Tratado Reformador, que vem substituir o malogrado tratado fundador, é em tudo semelhante ao que este tratado já estipulara, provindo pois da Constituição Europeia a maior novidade no que respeita à subsidiariedade.

Assim, o Tratado que estabelece uma Constituição para a Europa, assinado em Roma, a 29 de Outubro de 2004, que ficou conhecido como Constituição Europeia e que não viria nunca a entrar em vigor, introduziu alterações quer ao artigo 5.º do TCE[1] quer ao acesso ao Tribunal de Justiça permitindo ao Comité das Regiões recurso de ilegalidade com o objectivo de salvaguardar as respectivas prerrogativas (à semelhança de igual poder de que já dispunham o Tribunal de Contas e o BCE).

Por seu turno, o Protocolo relativo à aplicação dos princípios da subsidiariedade e da proporcionalidade, previa, no seu artigo 8.º, que:

"O Tribunal de Justiça é competente para conhecer dos recursos com fundamento em violação, por um acto legislativo europeu, do princípio da subsidiariedade, interpostos nos termos do artigo III-365 da Constituição por um Estado-Membro, ou por ele transmitidos, em conformidade com o

---

[1] O artigo I-11.º sobre os princípios fundamentais relativos às competências da União dispõe, no n.º 3, que "em virtude do princípio da subsidiariedade, nos domínios que não sejam da sua competência exclusiva, a União intervém apenas se e na medida em que os objectivos da acção considerada não possam ser suficientemente alcançados pelos Estados-Membros, *tanto ao nível central como ao nível regional e local*, podendo contudo, devido às dimensões ou aos efeitos da acção considerada, ser melhor alcançados ao nível da União.

seu ordenamento jurídico interno, em nome do seu Parlamento nacional ou de uma câmara desse Parlamento".

Nos termos do mesmo artigo, o Comité das Regiões poderia igualmente interpor recursos desta natureza relativamente aos actos legislativos europeus para cuja adopção a Constituição determinasse que fosse consultado.

Ora o Tratado de Lisboa propõe uma redacção para o n.º 3 do artigo 5.º do Tratado da União Europeia que é rigorosamente igual à da Constituição Europeia, porém com uma rectificação gramatical linguística que já se denunciara desde o Tratado de Maastricht, mas sem qualquer sucesso.

Agora já não se diz "melhor" mas "mais bem", sendo pois o texto do preceito o seguinte:

"Em virtude do princípio da subsidiariedade, nos domínios que não sejam da sua competência exclusiva, a União intervém apenas se e na medida em que os objectivos da acção considerada não possam ser suficientemente alcançados pelos Estados-Membros, **tanto ao nível central como ao nível regional e local**, podendo contudo, devido às dimensões ou aos efeitos da acção considerada, ser **mais bem** alcançados ao nível da União." (negrito nosso)

Retoma igualmente o poder de defender as prerrogativas do Comité das Regiões em recurso de ilegalidade para o Tribunal de Justiça em preceito de teor igual (artigo 263.º, § 3 do TUE) ao proposto no Tratado Constitucional.

Mantém-se o Protocolo, cujo artigo 8.º é de teor semelhante, embora adaptado à nova configuração terminológica adoptada pelo Tratado de Lisboa.

Dispõe assim o artigo 8.º do Protocolo Relativo à Aplicação dos Princípios da Subsidiariedade e da Proporcionalidade anexo ao Tratado de Lisboa:

"O Tribunal de Justiça da União Europeia é competente para conhecer dos recursos com fundamento em violação do princípio da subsidiariedade por um acto legislativo que sejam interpostos nos termos do artigo 230.º do Tratado sobre o Funcionamento da União Europeia por um Estado-Membro, ou por ele transmitidos, em conformidade com o seu ordenamento jurídico interno, em nome do seu Parlamento nacional ou de uma câmara desse Parlamento.

Nos termos do mesmo artigo, o Comité das Regiões pode igualmente interpor recursos desta natureza relativamente aos actos legislativos para cuja adopção o Tratado sobre o Funcionamento da União Europeia determine que seja consultado."

Desde a sua instituição em 1994 que o Comité das Regiões vinha apresentando propostas no sentido de reforçar o seu papel, incluindo a sua elevação à categoria de instituição comunitária, o que não lhe foi reconhecido pelo Tratado de Lisboa.

Assim, já por ocasião da Conferência Intergovernamental de 1996, se pronunciara criticando o carácter restritivo da definição do princípio da subsidiariedade tal como acolhido pelo Tratado de Maastricht. Propusera uma definição mais alargada em que aquele funcionasse não apenas como critério de exercício das competências partilhadas entre a União e os Estados-membros, mas igualmente como critério de partilha das competências e das responsabilidades entre todos os níveis de governo representados no seio da União Europeia. Também defendera a introdução de uma lista de competências da União e dos Estados para facilitar a aplicação do princípio da subsidiariedade, o qual deveria igualmente ser aplicado pelos Estados no seu território relativamente às regiões e às colectividades locais.

Nesta ordem de razões, o Comité tinha exigido igualmente a criação de mecanismos adequados de acesso ao Tribunal de Justiça em caso de violação da subsidiariedade que afectasse as competências das colectividades regionais e locais. Considerando o sistema de recursos existente para o Tribunal de Justiça e a natureza do princípio da subsidiariedade que carece de efeito directo, tornava-se impossível o recurso contra um acto ou uma abstenção das instituições da União por causa da violação deste princípio, na medida em que o recorrente eventual deveria fazer a prova de um dano directo e individual. Por conseguinte, o Comité propusera que, no caso do recurso de anulação, regulado no então artigo 173.º (depois 230.º do Tratado CE, hoje artigo 263.º do TFUE), lhe fosse reconhecido, à semelhança do que se fazia quanto ao Parlamento Europeu e ao Banco Central Europeu, o direito de recurso para salvaguarda das respectivas prerrogativas e que, além disso, lhe fosse reconhecido um direito de recurso especial para defender o princípio da subsidiariedade. Este direito deveria também ser atribuído às regiões dotadas de competências legislativas, na medida em que a actividade da União as afectasse em particular.

Quanto ao recurso por omissão, regulado no então artigo 175.º do TCE (posteriormente artigo 232.º do TCE), ao qual o Comité também pretendeu ter acesso, tal disposição não necessitaria de ser modificada se o Comité fosse elevado à categoria de instituição comunitária, o que *inter alia* igualmente propôs.

As propostas do Comité das Regiões não foram acolhidas pelo Tratado de Amesterdão de 1997 que incluiu um Protocolo relativo à aplicação dos princípios da subsidiariedade e da proporcionalidade, cujo ponto 9, 4.º travessão, se limitou a prever o envio ao Comité das Regiões pela Comissão de um seu relatório anual sobre a aplicação do artigo 5.º do Tratado.

Tão pouco o Tratado de Nice de 2001 acolheu alterações quer ao artigo 5.º do TCE quer ao protocolo, limitando-se às alterações antes referidas sobre a composição do Comité das Regiões, escolha e mandato dos seus membros[2].

Vê-se assim que a pressão exercida pelo Comité das Regiões junto das instituições comunitárias, ao longo de todos estes anos, desde logo ao nível da revisão dos tratados, quanto ao seu próprio papel e ao incremento das suas funções, numa tentativa da ligação do poder decisório comunitário ao poder nacional, regional e local e uma ligação entre as entidades infra-estaduais e as instâncias comunitárias, acabou por ter algum acolhimento.

Concluímos assim que o Tratado de Lisboa reforça o papel do Comité das Regiões, introduzindo na subsidiariedade, que até então qualificaríamos como subsidiariedade horizontal, no sentido de repartir competências entre a União Europeia e os Estado-Membros, uma dimensão vertical, em que a intervenção dos níveis regional e local também conta para os testes da subsidiariedade.

3. O Protocolo relativo à aplicação dos princípios da subsidiariedade e da proporcionalidade

Este Protocolo que já existia desde Amesterdão sofre alterações consideráveis na versão da Constituição Europeia retomada, com ligeiras diferenças, pelo Tratado de Lisboa.

Esse Protocolo continua a regular os princípios da subsidiariedade e da proporcionalidade em sede inter-institucional e de fundamentação para suporte qualitativo e quantitativo dos testes da intervenção da União: insuficiência de acção estadual, seja central, seja regional e local, alcance da intervenção da União quanto à dimensão e efeito dessa intervenção (v. artigos 1.º, 2.º e 5.º).

---

[2] V. Margarida Salema D'Oliveira Martins, O princípio da subsidiariedade em perspectiva político-jurídica, Coimbra Editora, 2003, p. 299-300.

As novidades, para além das já referidas relativamente aos recursos para o Tribunal de Justiça, estão sobretudo na intervenção e posição dos parlamentos nacionais.

Estes recebem os projectos de actos legislativos da Comissão, do Parlamento Europeu e do Conselho, consoante os casos, bem como os projectos alterados, as resoluções e as posições que correspondem a fases diversas do processo legislativo europeu (v. artigo 4.°).

No prazo de oito semanas, qualquer parlamento nacional pode dirigir a essas instituições europeias um parecer fundamentado em que indica as razões pelas quais considera que o projecto em causa não obedece ao princípio da subsidiariedade. Caberá ao Parlamento Nacional (ou a cada uma das câmaras se for bicamaral) consultar, se for pertinente, os parlamentos regionais caso estes tenham competências legislativas (v. artigo 6.°).

Esses pareceres serão tidos em conta pelas instituições das quais tiver emanado o projecto de acto legislativo (v. artigo 7.°, n.° 1).

A cada Parlamento Nacional é atribuído dois votos, repartidos nos termos do sistema parlamentar nacional, cabendo um voto a cada uma das câmaras nos sistemas parlamentares nacionais bicamarais (são então 54 votos).

Se houver pareceres fundamentados sobre a inobservância do princípio da subsidiariedade num projecto de acto legislativo que representem pelo menos 1/3 daqueles votos, ou seja, 18 votos (o que equivale a 9 pareceres – 1/3 dos 27 Estados Membros da União Europeia), então o projecto deve ser reanalisado. Há uma excepção relativa ao espaço de liberdade, segurança e justiça que exige apenas ¼ dos votos (13,5, ou seja sete Estados). Tal reanálise não impede a manutenção do projecto, devendo esta decisão de manutenção ser fundamentada (v. artigo 7.°, n.° 2).

Alem do exposto, prevê-se que, no quadro do processo legislativo ordinário, caso os pareceres fundamentados sobre a inobservância do princípio da subsidiariedade numa proposta de acto legislativo representem pelo menos a maioria simples (julgamos que se tratará antes da naioria absoluta) dos votos, a proposta deve ser reanalisada, podendo a Comissão, se entender manter a proposta, especificar a razão pela qual entende que a mesma obedece ao princípio da subsidiariedade.

Esse parecer da Comissão e os pareceres dos parlamentos nacionais deverão ser ponderados no processo legislativo da seguinte forma:

– antes da primeira leitura, o legislador (Parlamento Europeu e Conselho) pondera a compatibilidade da proposta com o princípio da subsidiariedade verificando as razões invocadas por uns e outra;
– se por maioria de 55% dos membros do Conselho (15 membros) ou por maioria dos votos expressos no Parlamento Europeu, o legislador considerar que a proposta não é compatível com o princípio da subsidiariedade, a proposta legislativa não continuará a ser analisada (v. artigo 7.º, n.º 3 do Protocolo).

Este sistema bastante estranho visa articular uma ligação entre os legisladores nacionais e o legislador europeu, sendo ainda muito cedo para fazer qualquer prognóstico sobre o funcionamento deste mecanismo.

4. O défice democrático e o papel dos Parlamentos Nacionais

A superação do défice democrático foi tentativamente efectuada, por diversas formas, pelos tratados comunitários subsequentes ao Tratado de Maastricht, de tal sorte que deixou de se falar tanto sobre ele ou, pelo menos parece que deixou de se considerar que se tratava de um problema central.

A questão da repartição de competências concorrentes entre a Comunidade Europeia e os Estados-Membros à luz do novo princípio da subsidiariedade inscrito no Tratado de Maastricht bem como a aplicação do princípio da proporcionalidade e a necessidade de clarificação, simplificação e transparência legislativas passou a ocupar a agenda das instituições comunitárias preocupadas com a justificação e a fundamentação das suas decisões. A própria Comissão Europeia subordinou a sua actividade ao lema "legislar menos para legislar melhor".

A preocupação política central consistia agora em aproximar a União Europeia dos seus cidadãos.

Assim, e para além do desenvolvimento institucional havido em torno dos princípios da subsidiariedade e da proporcionalidade que chegaram a ser objecto do Protocolo[3] anexo ao Tratado da Comunidade Europeia pelo

---

[3] V. Margarida Salema D'Oliveira Martins, O princípio da subsidiariedade em perspectiva jurídico-política cit., p. 173 e segs.

Tratado de Amesterdão, de 2 de Outubro de 1997, atrás referido, outro Protocolo foi anexado pelo mesmo Tratado aos Tratados da União Europeia e das Comunidades Europeias relativo ao papel dos Parlamentos Nacionais na União Europeia. (Protocolo n.º 13)

Nesse Protocolo reafirmava-se que o controlo exercido pelos diferentes Parlamentos nacionais sobre a acção dos respectivos Governos no tocante às actividades da União obedece à organização e à prática constitucionais próprias de cada Estado-Membro.

Acentuava-se assim a fiscalização no âmbito nacional que se distingue da fiscalização inter-institucional a nível comunitário feita nos termos dos tratados.

Apesar disso, no Protocolo manifestava-se o desejo de incentivar a maior participação dos Parlamentos Nacionais nas actividades da União Europeia e reforçar a capacidade de exprimirem as suas opiniões sobre questões que para aqueles possam revestir-se de especial interesse.

Nesse Protocolo, previam-se várias medidas de teor essencialmente informativo. Contudo eram mais avançadas e completas do que as contempladas em Declarações anteriores, para além da diferente natureza e valor jurídico dos instrumentos que as contemplavam. Verificou--se assim um avanço na possibilidade de, pelo menos, os parlamentos nacionais poderem dispôr da informação necessária mínima para exercer controlo político sobre o comportamento do respectivo Governo no seio do Conselho.

Para além disto, esse Protocolo constitucionalizou a «COSAC» que, instituída em Paris em 16 e 17 de Novembro de 1989, consiste na conferência dos órgãos parlamentares especializados em assuntos europeus (comissões de assuntos europeus) que podia submeter às instituições da União Europeia qualquer contributo que considerasse adequado, em especial com base em projectos de actos legislativos que os representantes dos Governos dos Estados-Membros podem decidir, de comum acordo, enviar-lhe atendendo à natureza da questão (ponto n.º 4 do Protocolo).

Prevê-se que a COSAC pode analisar quaisquer propostas ou iniciativas de actos legislativos relacionados com a criação de um espaço de liberdade, segurança e justiça e que possam ter uma incidência directa sobre os direitos e liberdades individuais, devendo destes contributos ser informados o Parlamento Europeu, o Conselho e a Comissão (ponto n.º 5 do Protocolo).

Dispunha-se ainda no mesmo Protocolo que a COSAC podia dirigir ao Parlamento Europeu, ao Conselho e à Comissão todos os contributos que considerasse adequados sobre as actividades legislativas da União, nomeadamente no que se refere à aplicação do princípio da subsidiariedade, ao espaço de liberdade, de segurança e de justiça, bem como a questões relacionadas com os direitos fundamentais (ponto n.º 6 do Protocolo).

"Os contributos da COSAC não vinculariam de modo algum os Parlamentos nacionais nem condicionariam a respectiva posição", nos termos do ponto n.º 7 do Protocolo.

Visava-se entãotentar desenvolver o interrelacionamento dos parlamentos nacionais com os órgãos legislativos comunitários[4], mas de uma forma ainda pouco consistente e muito especializada, como se tal relacionamento se situasse ainda numa zona acantonada das actividades parlamentares e não envolvesse a generalidade das áreas de intervenção comunitária que abarcam um conjunto vasto de matérias e domínios coincidente com uma grande parte das zonas de incidência governativa nacional.

Trata-se contudo de um passo dado no sentido de evitar o desfasamento e a descoordenação entre a órbita decisória comunitária e a nacional, independentemente das questões relativas à aplicabilidade, efeito e primado das normas comunitárias que quanto menos exigem a intermediação legislativa nacional menos controláveis se tornam num plano democrático-representativo nacional. Este menor controlo nem sempre foi acompanhado por um peso maior de competências do Parlamento Europeu. Mas mesmo que assim sucedesse, como vaticinou o Tribunal Constitucional Federal Alemão, há que não deixar desequilibrar a balança democrática, dadas a formação e composição da própria instituição parlamentar europeia, o sistema eleitoral para a eleição dos Deputados e ainda as listas político-partidárias europeias. Nesta área, a evolução prevista no sentido da uniformização do sistema eleitoral e do sistema partidário para que o Parlamento Europeu represente globalmente os povos europeus, numa óptica de mandato representativo geral não se compadece facilmente com o mandato parlamentar nacional ainda subsistente e imerso nas realidades nacionais, o que continua a pers-

---

[4] Sobre as relações entre o Parlamento Europeu e os parlamentos nacionais no quadro da construção europeia, v. Documento de Trabalho com esse mesmo título, da Comissão dos Assuntos Constitucionais, de 7 de Junho de 2001, sendo relator Giorgio Napolitano (PE 294. 776) e Documento de Trabalho n.º 2, de 3 de Setembro de 2001, do mesmo relator (PE 304. 278).

pectivar o Parlamento Europeu como um conjunto heterogéneo de mandatos parlamentares nacionais.

Com o Tratado de Lisboa, o Protocolo sofre as adaptações necessárias de adequação e coerência com as disposições relativas ao processo legislativo e ao Protocolo sobre a subsidiariedade. Permanece contudo como um conjunto de regras de informação e de espera no processo legislativo. Mantém-se igualmente a COSAC, cuja sigla permanece, apesar da mudança das denominações das comissões parlamentares (v. artigo 10.º – assuntos da União).

O TRATADO DE LISBOA
E O MODELO SOCIAL DA UNIÃO EUROPEIA.
ALGUMAS NOTAS

Maria do Rosário Palma Ramalho
Professora Catedrática
da Faculdade de Direito da Universidade de Lisboa

1. Sequência

I. A abordagem do tema das implicações do Tratado de Lisboa no modelo social da União Europeia não é possível sem uma brevíssima nota introdutória sobre a evolução geral da União em matéria social[1], uma vez que o quadro actual nesta matéria é, naturalmente, o produto de tal evolução.

II. Por esta razão, nas páginas que seguem desenvolveremos duas linhas essenciais de reflexão. Num primeiro momento, recordaremos brevemente a evolução da dimensão social das Comunidades Europeias, salientando em especial as dificuldades iniciais – e, até certo ponto, estruturais – de intervenção comunitária neste domínio – e recordando as principais

---

[1] Utilizamos o termo «social» com o sentido amplo que lhe é atribuído tradicionalmente no léxico comunitário, para designar as regras de direito comunitário com vocação não eminentemente económica, embora limitando as nossas referências sobretudo às matérias laborais e da segurança social. Por todos, quanto à justificação da designação *droit social* no contexto comunitário, L. Dubois / C. Blumann, *Droit matériel de l'Union Européenne*, 4ª ed., Paris, 2006, 113.

áreas de desenvolvimento do direito social europeu ao longo dos anos. Num segundo momento, debruçar-nos-emos então sobre o Tratado de Lisboa na perspectiva de proceder a uma primeira e ainda necessariamente provisória avaliação das possíveis repercussões do Tratado em matéria social.

2. As tradicionais dificuldades de desenvolvimento do Direito Social da União Europeia e as suas áreas de intervenção

I. Quando se olha retrospectivamente a evolução do Direito Europeu em matéria social, o primeiro aspecto que se evidencia é a dificuldade de intervenção nesta área, sobretudo nas primeiras décadas do desenvolvimento do Direito Comunitário e, em especial, se compararmos a progressão desta área jurídica em matéria social com a sua progressão no plano económico. Esta dificuldade inicial de implementação de regras comunitárias de incidência social fica a dever-se a duas ordens de razões: a primeira prende-se com a matriz predominantemente económica das Comunidades Europeias na sua origem; a segunda decorre da diversidade dos sistemas laborais e de segurança social dos Estados Membros.

De uma parte, as dificuldades de intervenção do Direito Comunitário em matéria social devem-se à filosofia eminentemente económica das Comunidades Europeias, inicialmente, que leva alguns autores a referirem-se às empresas como os «primeiros clientes» do Direito Comunitário[2] e que já referenciámos como o «código genético económico» das Comunidades Europeias[3]. Na prática, esta matriz económica traduz-se no maior desenvolvimento das políticas comunitárias em matéria de concorrência e de liberdade de estabelecimento e de circulação e ainda das políticas financeiras e monetárias, em detrimento do investimento noutras áreas.

---

[2] A expressão é de G. F. Mancini, *Direito do Trabalho e Direito Comunitário*, BFDUC, 1986, LXII, 293-317 (316).

[3] M. R. Palma Ramalho, *Direito Social da União Europeia. Relatório*, Coimbra, 2009, 29. Outros autores reconhecem também esta matriz predominantemente económica do Direito Comunitário, na sua génese e, na verdade, até hoje – neste sentido, por exemplo, Brian Bercusson, *Le concept de droit du travail européen, in* A. Supiot (dir.), *Le travail en perspectives,* Paris, 1998, 603-616 (605), O. Dutheillet De Lamothe, *Du traité de Rome au traité de Maastricht: la longue marche de l'Europe sociale,* DS, 1993, 2, 194-200 (196), ou R. Wank, *Arbeitsrecht nach Maastricht*, RdA, 1995, 1, 10-26 (11).

Por outro lado, as dificuldades de progresso do Direito Comunitário na área social devem-se à grande diversidade dos sistemas nacionais dos Estados Membros nesta área. Esta diversidade observa-se em matérias chave como o nível de tutela e o grau de rigidez dos sistemas normativos laborais nacionais, associados a tradições diferentes quanto à intervenção que cabe ao Estado nesta matéria, à diversidade dos sistemas de segurança social, com graus de publicização muito diferentes de Estado para Estado, e ainda às diferentes tradições nacionais de cada Estado em matéria de negociação colectiva e de sindicalismo. Naturalmente, esta diversidade dificulta o consenso entre os Estados, pelo que a regra tradicional da unanimidade na tomada de decisões comunitárias é um obstáculo de monta à aprovação de normas comunitárias nesta área.

II. Na verdade, o surgimento de preocupações sociais, a par da matriz económica originária das Comunidades Europeias, faz com que o Direito Comunitário passe a ter que lidar com duas lógicas de desenvolvimento diferentes e que, até certo ponto, se opõem.

Assim, de uma parte, a lógica económica da livre concorrência exige a diminuição das barreiras à livre circulação de capitais, bens e pessoas (incluindo-se aqui a livre circulação de trabalhadores), e a diminuição de entraves à actividade empresarial, que se salda num menor proteccionismo laboral ao nível dos salários, das condições de trabalho, dos modelos de contrato de trabalho ou das regras de cessação desses contratos.

De outra parte, o objectivo de incremento da protecção social passa pela melhoria das condições de trabalho, pela tutela dos trabalhadores contra os riscos laborais e por políticas de conciliação entre a vida profissional e a vida privada dos trabalhadores. Ora, a regulação jurídica destas matérias não só é perspectivada de forma diferente pelos Estados Membros, como importa quase sempre em encargos financeiros para os Estados e para as empresas, cuja aceitação por estas e por aqueles nem sempre é pacífica.

Assim, nesta dialéctica, o objectivo comunitário da livre concorrência pode redundar na descida do nível de tutela laboral e as prioridades sociais entram facilmente em rota de colisão com as prioridades económicas das Comunidades.

III. O resultado histórico desta tensão entre o código genético económico das Comunidades Europeias e a sua vocação social é conhecido: nas matérias económicas e financeiras, o Direito Europeu implementou a bom ritmo os princípios da liberdade de estabelecimento e da livre concorrência, a que se juntaram, com o tempo, as metas da união monetária e financeira; já nas matérias de índole social, o desenvolvimento normativo foi tardio, difícil e disperso[4], tendo-se, aliás, limitado inicialmente a temas ainda conexos com os objectivos económicos das Comunidades – a circulação de trabalhadores (enquanto componente dos princípios da liberdade de estabelecimento e de concorrência), e as condições de trabalho, a igualdade remuneratória entre trabalhadores e trabalhadoras e a formação profissional (cuja promoção constitui também condição para evitar o *dumping social*, e, assim, evitar a frustração indirecta do princípio da livre concorrência)[5].

Por outras palavras, o desenvolvimento inicial da componente social do Direito Europeu foi feito na sombra – *et pour cause* – dos objectivos económicos das Comunidades Europeias. A emancipação do Direito Social da União Europeia estava ainda longe nesta fase.

IV. Como é sabido, a situação descrita alterou-se com o tempo, uma vez que progressivamente as Comunidades Europeias foram assumindo uma vocação social a par da sua originária vocação económica.

Os marcos desta evolução são conhecidos: o Acto Único Europeu, que, ao instituir a regra da maioria qualificada e ao sujeitar a maioria das matérias sociais a esta regra, viabilizou tecnicamente a aprovação de muitos instrumentos normativos nesta área, que tinham sido paralisados anteriormente pela regra da unanimidade; o Protocolo de Política Social Anexo ao Tratado de Maastricht, que, apesar de não vinculativo, constituiu o primeiro grande repositório de princípios comunitários em matéria social; o Tratado de Amesterdão, que teve uma importância fundamental no progresso social da União Europeia, não só por ter conseguido a integração do Protocolo de Política Social no Tratado da Comunidade Europeia, mas também, no que tange especificamente às matérias sociais, por ter recebido e consagrado o *acquis* comunitário em matéria social, entretanto produzido ao longo dos anos, através das directivas e da jurisprudência comunitária de índole

---

[4] Entre muitos outros, reconhecendo o carácter tardio e difícil do desenvolvimento das matérias sociais no Direito Comunitário, R. Blanpain / J.-C. Javillier, *Droit du travail communautaire*, 2ª ed., Paris, 1995, 110, Bercusson, *Le concept de droit du travail européen*, in A. Supiot (dir.), *Le travail en perspectives*, Paris, 1998, 603-616 (605).

[5] Para mais desenvolvimentos sobre estas primeiras áreas de intervenção social do Direito Europeu e sobre as motivações económicas que estiveram na origem desta intervenção, *vd* Rosário Palma Ramalho, *Direito Social da União Europeia cit.*, 34 ss.

social; e a Carta dos Direitos Fundamentais da União Europeia, que, embora não vinculativa, subiu mais um patamar nas exigências comunitárias em matéria social[6].

Perante estes desenvolvimentos, e ainda que a fricção entre os objectivos económicos e os objectivos sociais da União Europeia se mantenha – neste como noutros aspectos, o Direito Europeu continua a ser um sistema jurídico de compromissos – pode, hoje, considerar-se adquirida e em expansão a vertente social da União: é a consolidação definitiva do Direito Social da União Europeia como parcela do Direito Europeu.

V. As áreas de desenvolvimento do Direito Social da União Europeia espraiam-se, como é sabido, quer por matérias que correspondem a preocupações originárias dos primeiros tratados comunitários, quer pelas matérias laborais e de segurança social que mais têm concitado a atenção dos Estados Membros e da própria União Europeia ao longo dos últimos anos[7].

Assim, mantêm-se como temas clássicos do Direito Social da União Europeia o tema da liberdade de circulação de trabalhadores, a matéria da formação e das habilitações profissionais, a matéria da saúde e segurança no trabalho, e, mais amplamente, a matéria das condições de trabalho, e ainda as matérias da igualdade de oportunidades e de tratamento entre trabalhadoras e trabalhadores, bem como o tema da não discriminação em geral (que constituem desenvolvimentos do princípio originário da igualdade de remuneração entre trabalhadores dos dois sexos), e ainda a matéria da segurança social, embora associada ao princípio da livre circulação de trabalhadores ou ao princípio da igualdade de género.

Mas, a par destes temas clássicos, a verdade é que o Direito Social da União Europeia também tem desenvolvido outras áreas de intervenção, conexas com a evolução do emprego na Europa e com conjunturas económicas menos favoráveis. Assim, têm concitado a atenção do legislador comunitário matérias como o trabalho atípico e alguns regimes laborais especiais, o tema da tutela dos trabalhadores perante vicissitudes econó-

---

[6] Para mais desenvolvimentos sobre estes marcos normativos, que foram alicerçando a consolidação do Direito Social da União Europeia, *vd* ainda Rosário Palma Ramalho, *Direito Social da União Europeia cit.*, 36 ss.

[7] Sobre estas áreas temáticas, que hoje integram o conteúdo do Direito Social da União Europeia, *vd* ainda o nosso *Direito Social da União Europeia cit.*, 67 ss.; e para uma apreciação mais sucinta, ainda M. R. Palma Ramalho, *Direito do Trabalho, Parte I – Dogmática Geral*, 2ª ed., Coimbra, 2009, 186 ss.

micas das empresas, como a transmissão do estabelecimento, o despedimento colectivo ou a insolvência do empregador, as matérias relativas à representação colectiva dos trabalhadores, à negociação colectiva europeia e, obviamente, a matéria do emprego e, ainda mais recentemente, as estratégias da flexisegurança[8].

Um maior desenvolvimento destas temáticas – quase todas traduzidas num importante acervo de directivas comunitárias e numa rica e criativa jurisprudência comunitária – ultrapassa os parâmetros da nossa reflexão[9]. O ponto que nos parece importante destacar é que esta riqueza e diversidade de áreas temáticas confirma actualmente o Direito Social da União Europeia como uma componente incontornável do Direito Europeu, com um peso cada vez mais significativo.

É neste quadro que cabe situar o Tratado de Lisboa.

3. O Tratado de Lisboa e o Direito Social da União Europeia

3.1. *Observações gerais*

I. As disposições mais relevantes em matéria social, na versão dos tratados europeus aprovada pelo Tratado de Lisboa, encontram-se dispersas pelo Tratado da União Europeia, pelo Tratado sobre o Funcionamento da União Europeia[10], e pela Carta dos Direitos Fundamentais da União Europeia, anexa a estes Tratados.

---

[8] Especificamente sobre o tema da flexisegurança, M. R. Palma Ramalho, *Modernizar o Direito do Trabalho para o século XXI. Notas breves sobre o Livro Verde da Comissão Europeia, de 22 de Novembro de 2006, e sobre os desafios da flexisegurança*, in T. C., Nahas (coord.), *Princípios de Direito e Processo do Trabalho: Questões Actuais*, Rio de Janeiro, 2009, 31-46; também publicado *in Estudos em Homenagem ao Prof. Doutor Martim de Albuquerque*, II, Coimbra, 2010, 443-456; e ainda Rosário Palma Ramalho, *Direito do Trabalho I cit.*, 68 ss.

[9] Para mais desenvolvimentos sobre o tema, *vd* Rosário Palma Ramalho, *Direito Social da União Europeia cit.*, 50 ss., 53 ss., e 67 ss., com indicações das principais directivas e do acervo jurisprudencial sobre estas áreas temáticas do Direito Social da União Europeia.

[10] De ora em diante referidos pelas siglas TUE e TFUE. Quando nos referirmos à versão do TUE, aprovada pelo Tratado de Nice, utilizaremos a sigla TUE (versão Nice).

II. No TUE cabe realçar, em primeiro lugar, o maior relevo concedido a alguns direitos sociais enquanto fundamentos axiológicos da própria União Europeia, que são enunciados nos arts. 2.º e 3.º deste Tratado – é o caso da referência, neste contexto, ao respeito pelos direitos humanos, à igualdade de género e à não discriminação em geral, ao combate à exclusão social, e à justiça e protecção sociais. Embora a maioria destes princípios já resultasse globalmente dos arts. 1.º-A e 2.º do TUE (versão de Nice), a norma tem agora uma formulação mais ampla, destacando-se como novidade a inclusão da referência à não discriminação em geral e às minorias.

O segundo aspecto a realçar no TUE, com interesse para a nossa matéria, é a atribuição de força vinculativa à Carta dos Direitos Fundamentais da União Europeia, que, nos termos do art. 6.º n.º 1, passa a ter «o mesmo valor jurídico que os Tratados». Esta alteração é, naturalmente, a mais importante, uma vez que a Carta é o principal repositório dos direitos em matéria social, que, no seu conjunto, conformam o modelo social da União.

III. No que se refere ao TFUE justifica-se uma observação geral e algumas observações na especialidade.

Em termos gerais, cabe salientar que, na delimitação entre as competências exclusivas da União Europeia e as competências partilhadas entre a União e os Estados Membros, a política social integra o elenco das matérias de competência partilhada, o que significa que tanto a União como os Estados Membros podem adoptar actos jurídicos vinculativos neste domínio (arts. 2.º n.º 2 e 4.º n.º 2 b) do TFUE). Este princípio de competência partilhada é ainda desenvolvido no art. 5.º do TFUE, que atribui competência à União para coordenar as políticas de emprego (*verbi gratia*, definindo directrizes gerais) e as políticas sociais dos Estados Membros – arts. 5.º n.ºs 2 e 3, respectivamente.

Em suma, está hoje legitimada pelo Tratado a possibilidade de uma maior intervenção da União Europeia em matéria social, no âmbito das competências partilhadas.

Por outro lado, ainda em moldes gerais, os princípios fundamentais em matéria social são ainda desenvolvidos através do alargamento da incidência da ideia de *mainstreaming*.

Como é sabido, o conceito de *mainstreaming* foi adoptado pela primeira vez, a propósito do princípio da igualdade de género, com o objectivo de obrigar a ponderar, na definição e execução de todas as políticas e acções da União, os efeitos ou repercussões que tais políticas ou acções podiam ter naquele princípio. Ora, da leitura de algumas regras do TUE, na versão aprovada pelo Tratado de Lisboa, resulta que este parâmetro de avaliação das políticas e acções comunitárias foi agora alargado a outros princípios sociais fundamentais.

Assim, em aplicação desta regra de *mainstreaming*, devem ser ponderados os efeitos das políticas sociais na igualdade entre homens e mulheres, cuja promoção activa continua a ser um objectivo da União (arts. 8.º[11]). Mas, para além desta aplicação tradicional, o TFUE exige também que sejam ponderados os efeitos das políticas sociais de promoção do emprego no nível de protecção social e no objectivo de luta contra a exclusão social (art. 9.º[12]), e ainda na luta contra a discriminação em geral, designadamente com fundamento no sexo, na raça ou origem étnica, na idade ou na deficiência, na religião ou crença, ou na orientação sexual (art. 10.º)[13]. Por fim, o princípio geral da proibição de discriminação em razão da nacionalidade fundamenta também, *per se*, algumas políticas sociais (art. 18.º).

3.2. *Desenvolvimentos da matéria social na especialidade – alguns tópicos*

I. Na especialidade, as matérias sociais são desenvolvidas no TFUE, tal como já sucedia no TCE (versão de Nice). A grande novidade reside, como é óbvio, na necessidade de passar a ter em conta, a par dos Tratados mas com idêntico valor, a Carta dos Direitos Fundamentais.

Cabe pois deixar algumas notas – ainda que necessariamente breves – sobre estes dois textos normativos fundamentais.

II. Na especialidade, o TFUE mantém-se na linha do TCE (na versão de Nice), quanto às matérias de índole social de que se ocupa.

Assim, a matéria da livre circulação de trabalhadores é agora tratada no art. 45.º do TFUE[14]. O princípio da livre circulação de trabalhadores exige também a abolição de discriminações entre os trabalhadores em razão da nacionalidade e concretiza-se na liberdade de emprego, na liberdade

---

[11] Esta norma corresponde ao art. 3.º n.º 2 do TCE (na versão de Nice).
[12] Esta norma corresponde ao art. 5.º-A do TCE (na versão de Nice).
[13] Esta norma corresponde ao art. 5.º-B do TCE (na versão de Nice).
[14] Esta norma corresponde ao art. 39 do TCE (na versão de Nice).

de deslocação de trabalhadores para outro Estado Membro, na liberdade de residência noutro Estado Membro para aí trabalhar, e ainda na liberdade de permanência nesse Estado depois de aí ter exercido uma actividade de trabalho.

Como se sabe, este princípio tem-se concretizado em diversos Regulamentos comunitários, designadamente na área da protecção social dos trabalhadores deslocados e das suas famílias (pelo que releva aqui também o art. 48.º do TFUE) e ainda em algumas directivas, com destaque para a directiva sobre o destacamento internacional de trabalhadores[15].

Por fim, com referência quer à matéria da circulação de trabalhadores quer à matéria da segurança social, importa ter presente que o método de deliberação para a aprovação de actos normativos comunitários é o processo legislativo ordinário (arts. 46.º corpo e 48.º corpo do TFUE).

III. A matéria do emprego é agora contemplada no art. 145.º do TFUE[16], mantendo-se a preocupação de desenvolver uma estratégia concertada de promoção do emprego e da qualificação profissional[17].

De novo, trata-se de matéria de competência partilhada entre a União e os Estados Membros, podendo a União definir orientações gerais para os Estados neste domínio e cabendo-lhe ainda avaliar a implementação de tais orientações ao nível nacional – arts. 146.º, 147.º e 148.º n.º 2 do TFUE.

Quanto ao método de deliberação para a aprovação de actos normativos comunitários nesta matéria é o processo legislativo ordinário, mediado por consulta do Comité Económico e Social e do Comité das Regiões (art. 149.º do TFUE).

Destaca-se ainda, neste domínio, o papel do Comité do Emprego, com carácter consultivo (art. 150.º).

IV. No que se refere às matérias de política social em sentido estrito, o TFUE mantém os objectivos gerais que já provêm da versão anterior dos

---

[15] Para uma apreciação mais desenvolvida do princípio da livre circulação de trabalhadores e do direito derivado nesta matéria, que extravasa a nossa reflexão, pode ver-se ainda o nosso *Direito Social da União Europeia* cit., 68 ss.

[16] Esta norma corresponde ao art. 125.º do TCE (na versão de Nice).

[17] Sobre o ponto com desenvolvimentos, ainda o nosso *Direito Social da União Europeia* cit., 73 ss.

Tratados, agora enunciados no art. 151.º[18] – i.e., a promoção do emprego, a melhoria das condições de vida e de trabalho, o direito a uma protecção social adequada, a promoção do diálogo social europeu e a luta contra as exclusões sociais.

Nesta matéria, como é sabido, o objectivo das acções comunitárias não é a uniformização mas sim a harmonização mínima das legislações nacionais (art. 151.º, parágrafos 1 e 3)[19], e pretende-se conseguir um equilíbrio entre a política social e os objectivos concorrenciais da União Europeia (art. 151.º parágrafo 2). Além disso, destaca-se a consagração de um princípio de subsidiariedade e de mínimo das medidas de política social emanadas do Direito Europeu, relativamente aos regimes nacionais, bem como um princípio de autonomia dos Estados em matéria de segurança social, que, de qualquer modo, devem prosseguir o objectivo de assegurar a sustentabilidade económica desses mesmos sistemas (art. 153.º n.º 4).

A política social integra as matérias de competência partilhada entre a União e os Estados Membros (art. 156.º do TFUE), mas o modo de aprovação dos actos normativos comunitários varia em razão das matérias, tal como já sucedia anteriormente: assim, embora a regra geral seja a tomada de decisão pelo processo legislativo ordinário, ainda é previsto o processo legislativo por unanimidade (a apenas subsidiariamente por maioria) para os actos normativos relativos às matérias de segurança social, despedimento, representação colectiva dos trabalhadores e condições de emprego de pessoas originárias de países terceiros. Além disso, algumas matérias laborais continuam excluídas da intervenção comunitária (remunerações, direito sindical, greve e *lock-out*) – art. 153.º n.ºs 2 e 5 do TFUE[20].

---

[18] Esta norma corresponde ao art. 136.º do TCE (na versão de Nice).

[19] Por todos e exemplarmente, quanto à diferença entre uniformização e harmonização dos direitos nacionais por exigência comunitária, Fausto de Quadros, *Direito da União Europeia. Direito Constitucional e Administrativo da União Europeia*, Coimbra, 2004, 445 ss., e ainda sobre o conceito de harmonização comunitária, *Direito Europeu das Sociedades*, in *Estruturas Jurídicas da Empresa - Curso do Centro de Estudos da Ordem dos Advogados em intercâmbio com a Faculdade de Direito da Universidade Clássica de Lisboa*, Lisboa, 1989, 151-181 (155). Reconhecendo especificamente o objectivo de harmonização e coordenação dos sistemas dos Estados Membros, em matéria de política social comunitária, T. Oppermann, *Europarecht. Ein Studienbuch*, München, 1991, 595 ss.

[20] Para mais desenvolvimentos sobre estes vários modelos de tomada de decisão comunitária em matéria social, consoante o tema em causa, e ainda sobre as matérias excluídas, Rosário Palma Ramalho, *Direito Social da União Europeia cit.*, 102 ss.

Por outro lado, em termos procedimentais, a aprovação de medidas comunitárias na área da política social exige uma consulta aos parceiros sociais europeus (art. 154.º) e pode ser feita com intervenção directa desses parceiros no âmbito do diálogo social europeu, cuja promoção é incentivada (arts. 152.º e 155.º do TFUE).

Por fim, no que toca ao modo de implementação dos actos normativos comunitários nos Estados Membros, é ainda de salientar a possibilidade, contemplada no art. 153.º n.º 3 do TFUE, de transposição de directivas pelos parceiros sociais e através de convenção colectiva.

Resta recordar que a política social comunitária se concretiza nas áreas referidas no art. 153.º n.º 1 do TFUE, sendo desenvolvidas em especial as matérias relativas à formação profissional (arts. 162.º ss.) e à igualdade de género (art. 157.º). Como é sabido, estas matérias têm sido desenvolvidas em numerosas Directivas e alguns Regulamentos, e têm sido objecto de profícua jurisprudência comunitária, cuja referência ultrapassa os parâmetros das nossas reflexões[21].

Além disso, o TFUE prevê a cooperação entre os Estados Membros, sob a coordenação da União, em especial nas matérias referidas no art. 156.º, que incluem o emprego, o direito ao trabalho e às condições de trabalho, a formação profissional, a segurança social, a segurança e saúde no trabalho, incluindo a protecção acidentária, a negociação colectiva e o direito sindical.

V. Perante o valor normativo reforçado que foi atribuído à Carta dos Direitos Fundamentais da União Europeia pelo TUE, na versão aprovada pelo Tratado de Lisboa (art. 6.º n.º 1 do TUE), cabe ainda uma brevíssima referência à Carta, que é hoje o repositório principal dos direitos fundamentais em matéria social.

Entre os direitos fundamentais com maior incidência na nossa matéria destacam-se os seguintes: a liberdade de associação e reunião, que inclui a liberdade sindical (art. 12.º n.º 1); o direito de acesso à formação profissional (art. 14.º n.º 1); a liberdade profissional e de

---

[21] Sobre o ponto, ainda o nosso *Direito Social da União Europeia cit.*, 73 ss. e 79 ss.; e especificamente sobre os desenvolvimentos comunitários em matéria de igualdade de oportunidades e de tratamento no trabalho e no emprego, M. R. Palma Ramalho, *Direito do Trabalho, Parte II – Situações Laborais Individuais*, 3ª ed., Coimbra, 2010, 162 ss., e *passim,* com amplas indicações doutrinais.

trabalho, que inclui a liberdade de circulação entre os Estados Membros para efeitos de emprego, bem como um princípio de igualdade de tratamento no emprego entre cidadãos europeus e cidadãos de países terceiros (art. 15.º); o direito à igualdade e não discriminação com qualquer fundamento (art. 21.º), que se projecta ainda em especial no direito à integração profissional das pessoas portadoras de deficiência (art. 26.º) e no direito à participação social das pessoas idosas (art. 25.º); o direito à igualdade de género, nomeadamente em matéria de emprego, trabalho e remuneração, prevendo-se expressamente a possibilidade de acções positivas nesta área (art. 23.º); o direito de informação e consulta dos trabalhadores na empresa (art. 27.º); o direito de negociação e acção colectiva, incluindo o recurso à greve, previsto tanto para os trabalhadores como para os empregadores (art. 28.º); o direito à protecção contra o despedimento sem justa causa, mas com remissão para as legislações nacionais (art. 30.º); o direito a boas condições de trabalho, incluindo o direito ao descanso diário, semanal e anual (art. 31.º); o direito de algumas categorias de trabalhadores a protecção especial, que inclui a proibição do trabalho infantil e a adaptação das condições de trabalho dos jovens (art. 32.º); o direito à conciliação entre a vida profissional e a vida familiar, que inclui o direito à licença de maternidade e à licença parental e ainda a protecção contra o despedimento fundado em razões atinentes à maternidade (art. 33.º); o direito à segurança social e à assistência social em várias eventualidades, que também inclui o direito à protecção social dos trabalhadores deslocados dentro da União (art. 34.º).

Como decorre do exposto, a Carta procede a uma enumeração bastante extensa e completa dos direitos das pessoas em matéria social, que vai muito para além das matérias de índole social previstas nos Tratados, ainda que, de forma directa ou mais remota, as suas normas sempre se possm justificar formalmente num ou noutro princípio geral neles enunciado. Ora, tendo actualmente a Carta um valor idêntico ao dos Tratados, a importância deste enunciado alargado de direitos fundamentais não carece de mais demonstração e corresponde a um alargamento do âmbito substancial do Direito Social da União Europeia.

4. Notas finais

I. Embora correspondam ainda a uma abordagem preliminar e panorâmica da versão dos tratados europeus, aprovada pelo Tratado de Lisboa, as reflexões que acabamos de fazer viabilizam três conclusões essenciais sobre os efeitos do Tratado no modelo social europeu.

II. A primeira conclusão é a do reforço da componente social da União operado por este Tratado. Este reforço decorre da adopção da Carta dos Direitos Fundamentais como texto normativo vinculativo, uma vez que uma boa parte das disposições da Carta é de índole social. Ora, passando a Carta a ter o mesmo valor jurídico dos Tratados, ela prevalece sobre os demais actos legislativos da União e impõe-se directamente aos Estados Membros, nas mesmas condições dos Tratados, pelo menos quando estejam a aplicar o Direito Europeu. Em suma, as exigências da União em matéria social são hoje muito maiores e o chamado Direito Social da União Europeia sai muito reforçado deste Tratado.

A segunda conclusão viabilizada pelas nossas reflexões tem a ver com as perspectivas de progresso do Direito Europeu em matéria social para futuro. A nosso ver, estas perspectivas resultam reforçadas pelo facto de o processo legislativo para a adopção de actos normativos comunitários em matéria social ser, em regra, o processo ordinário (art. 294.º), ou seja, um processo de deliberação por maioria qualificada na sequência de trocas de propostas entre a Comissão, o Parlamento e o Conselho. Quanto a este aspecto, fica assim consolidada uma evolução que se iniciou com o Acto Único Europeu e que viabilizou a aprovação da maioria das directivas comunitárias em matéria social.

A terceira e última conclusão a retirar das nossas reflexões tem a ver com a perspectiva compromissória que continua a perpassar nos Tratados, na procura de um equilíbrio entre as medidas de protecção social e as metas e preocupações económicas da União. Na prática, é esta perspectiva de compromisso que tem legitimado a adopção de políticas comunitárias aparentemente de sinal contrário: assim, o incentivo à diversificação de modelos de contrato de trabalho, em nome das necessidades de flexibilização da gestão das empresas, a par das medidas de tutela dos trabalhadores atípicos; assim, as medidas de reforço da protecção do trabalhador no despedimento, a par das estratégias de flexisegurança, que passam pela facilitação do despedimento com motivos económicos; e assim também o reconhecimento do direito dos trabalhadores à segurança social a par das preocupações com a sustentabilidade económica dos sistemas de segurança social, que acabam por determinar a descida das prestações sociais. Em suma, o Direito Europeu continua a ser um direito de compromissos e a tensão entre os objectivos sociais e as metas económicas da União continuará a existir no futuro.

Abreviaturas utilizadas

BFDUC – Boletim da Faculdade de Direito da Universidade de Coimbra
DS – Droit Social
RdA – Recht der Arbeit. Zs. f. die Wissenschaft u. Praxis des gesamten Arbeitsrechts
TCE – Tratado da Comunidade Europeia (versão de Nice)
TFUE – Tratado do Funcionamento da União Europeia
TUE – Tratado da União Europeia
TUE (Nice) – Tratado da União Europeia (versão de Nice)

O SISTEMA JURISDICIONAL
APÓS O TRATADO DE LISBOA

MARIA JOSÉ RANGEL DE MESQUITA
Professora Auxiliar da Faculdade de Direito da Universidade de Lisboa

SUMÁRIO[1]: 1. Aspectos gerais. 1.1. Denominação dos tribunais da União Europeia. 1.2. Aumento do número de Advogados-gerais. 1.3. Comité consultivo. 1.4. Alteração do Estatuto do Tribunal de Justiça da União Europeia 2. Os meios contenciosos. 2.1. Processo por incumprimento. 2.2. Recurso de anulação. 2.3. Processo por omissão. 2.4. Processo das questões prejudiciais. 2.5 Acção de responsabilidade civil extracontratual. 2.6. Excepção de ilegalidade. 3. As disposições transitórias. 4. A competência *ratione materiae* do Tribunal de Justiça da União Europeia.

1. Aspectos gerais

O Tratado de Lisboa (TL)[2], tratado modificativo dos tratados institutivos da União Europeia e das Comunidades Europeias assinado em Lisboa em

---

[1] O presente texto corresponde, no essencial, à conferência proferida nas Jornadas sobre o Tratado de Lisboa realizadas na Faculdade de Direito da Universidade de Lisboa nos dias 15 e 16 de Março de 2010 e organizadas pelo Instituto de Ciências Jurídico-Políticas da Faculdade de Direito da Universidade de Lisboa sob a coordenação científica do Prof. Doutor Fausto de Quadros.

[2] *Tratado de Lisboa que altera o Tratado da União Europeia e o Tratado que institui a Comunidade Europeia* (2007/C 306/01), publicado no JOUE C 306, de 17/12/2007, p. 1 e ss.

13 de Dezembro de 2007, veio consagrar algumas alterações relevantes em termos de sistema jurisdicional da União Europeia, em especial em matéria de organização e denominação dos tribunais da Ordem Jurídica da União Europeia, de meios contenciosos e de competência *ratione materiae* do Tribunal de Justiça da União Europeia (TJUE) – estas últimas relacionadas com a supressão formal da dualidade entre o pilar comunitário e os pilares intergovernamentais.

Encontram-se nas versões consolidadas do Tratado da União Europeia (TUE) e do Tratado sobre o Funcionamento da União Europeia (TFUE)[3] decorrentes da entrada em vigor do Tratado de Lisboa diversas disposições relevantes em matéria de *sistema jurisdicional* da União Europeia, em especial sobre a respectiva organização, os meios contenciosos e a competência *ratione materiae* dos tribunais da União, cuja análise articulada entre si se afigura indispensável para a aferir as alterações resultantes da entrada em vigor daquele Tratado.

Em matéria de *organização do sistema jurisdicional,* a primeira das novas disposições relevantes é o novo artigo 13.º, n.º 1, do TUE, que dispõe sobre o quadro institucional único da União, o qual abrange, entre outros órgãos – denominados «instituições» –, o *Tribunal de Justiça da União Europeia.*

A segunda disposição relevante, também integrada no TUE, é o novo artigo 19.º, relativo ao *Tribunal de Justiça da União Europeia.* Os dois primeiros números deste preceito elencam os tribunais da União – o «Tribunal de Justiça» (TJ), o «Tribunal Geral» (TG) e os «tribunais especializados»[4] – bem como o princípio da tutela jurisdicional efectiva pelos Estados membros nos domínios abrangidos pelo direito da União e a composição dos dois primeiros tribunais elencados, a qual é aliás

---

[3] As *Versões consolidadas do Tratado da União Europeia e do Tratado sobre o Funcionamento da União Europeia* (2008/C 115/01) foram publicadas no JOUE C 115 de 9 de Maio de 2008, p. 1 e ss., e objecto de rectificação pela Acta de Rectificação do Tratado de Lisboa 2009/C 290/01, publicada no JOUE C 290 de 30 de Novembro de 2009. A última versão das *Versões consolidadas do Tratado da União Europeia e do Tratado sobre o Funcionamento da União Europeia* foi publicada no JOUE C 83 de 30/3/2010, p. 1 e ss. (2010/C 83/01).

[4] Os três tribunais elencados correspondem, respectivamente, aos anteriormente denominados Tribunal de Justiça (das Comunidades Europeias (TJCE)), Tribunal de Primeira Instância (TPI) e câmaras jurisdicionais, previstos, respectivamente, nos ex-artigos 221.º, 224.º e 225.º-A do Tratado da Comunidade Europeia (TCE).

idêntica à anteriormente prevista do Tratado da Comunidade Europeia[5]. O n.º 3 do novo artigo 19.º é determinante para a definição genérica do âmbito de competência do *Tribunal de Justiça da União Europeia*, ao prever que:

«O Tribunal de Justiça da União Europeia decide, nos termos do disposto no Tratados:

– sobre os recursos interpostos por um Estado-Membro, por uma instituição ou por pessoas singulares ou colectivas;
– a título prejudicial, a pedido dos órgãos jurisdicionais nacionais, sobre a interpretação do Direito da União ou sobre a validade dos actos adoptados pelas instituições;
– nos demais casos previstos pelos Tratados»[6].

É no Tratado sobre o Funcionamento da União Europeia que se encontram os preceitos que definem em concreto a organização dos tribunais da União Europeia, a respectiva competência em razão da matéria, os meios contenciosos, bem como as demais disposições sobre a competência do Tribunal de Justiça da União Europeia e sobre os meios através dos quais esta é concretizada.

Assim, as disposições relevantes em matéria de definição da competência do Tribunal de Justiça da União Europeia constam no essencial da Secção 5 do Capítulo I («As instituições») do Título I («Disposições Institucionais») da Parte VI («Disposições institucionais e financeiras») do Tratado sobre o Funcionamento da União Europeia, com a epígrafe «O Tribunal de Justiça da União Europeia» e que abrange os artigos 251.º a 281.º[7]. Os preceitos do TFUE inseridos na mencionada Secção 5 referem-se não apenas aos meios contenciosos através dos quais se exerce a competência do TJUE mas também à própria determinação do âmbito da sua competência *ratione materiae* – a herança do ex-art. 46.º do TUE, na redacção em vigor até à

---

[5] Cf. ex-artigos 221.º, par. 1, 222.º, par 1, e 224.º, par 1, do TCE.
[6] O Tratado de Lisboa retoma o disposto no Tratado que estabelece uma Constituição para a Europa (TECE), assinado em Roma em 29 de Outubro de 2004 (JOUE, C 310 de 16/12/2004, p. 1 e ss.) – vide artigos I-19.º e I-29.º do TECE.
[7] V. art. 2.º, A, 7) e B, 204) a 226), TL. As alterações introduzidas em matéria de poder jurisdicional pelo Tratado de Lisboa retomam as constantes do TECE – v. artigos III-357.º a III-381.º do TECE.

entrada em vigor do TL[8]. A categoria de tribunal competente, em relação à matéria e a cada meio contencioso em concreto varia de acordo com as regras previstas no TUE e no TFUE, com a redacção decorrente do Tratado de Lisboa, e no Estatuto do Tribunal de Justiça da União Europeia[9].

Em matéria de sistema jurisdicional, há algumas alterações decorrentes do Tratado de Lisboa a registar. Os anteriores artigos do TCE em matéria de poder judicial – ex-artigo 220.º e seguintes do TCE – mantêm-se no essencial, com algumas modificações principais[10]. Estas modificações, que retomam o disposto no TECE, consistem nos aspectos que de seguida se enunciam, observando a sequência numérica das disposições relevantes do Tratado sobre o Funcionamento da União Europeia.

1.1. *Denominação dos tribunais da União Europeia*

Quanto à denominação dos tribunais da União, o Tratado de Lisboa consagra três categorias de tribunais comunitários, incluídos na «instituição» «Tribunal de Justiça da União Europeia», e cuja designação é modificada relativamente à respectiva denominação anterior: o «Tribunal de Justiça», o «Tribunal Geral» e os «tribunais especializados»[11]. Em termos genéricos são de salientar, sobretudo, quatro aspectos.

Em primeiro lugar, a utilização da designação «Tribunal de Justiça da União Europeia» para abranger os vários tribunais da União pode ser explicada pelo desaparecimento da actual estrutura decorrente do TUE compor-

---

[8] O ex-art. 46.º do TUE é suprimido, sendo retomado nos arts. 269.º, 275.º e 276.º TFUE – *infra*, 4.

[9] O Protocolo (N.º 3) Relativo ao Estatuto do Tribunal de Justiça da União Europeia mantém-se com a entrada em vigor do Tratado de Lisboa.

[10] Sem prejuízo de outras pequenas alterações de formulação, decorrentes, designadamente, da alteração de designação do Tribunal de Justiça das Comunidades Europeias, do TPI e das câmaras jurisdicionais (resultante dos novos artigos 13.º e 19.º do TUE), ou da nova terminologia empregue pelo Tratado de Lisboa «actos legislativos» – v. o novo art. 289.º, 3, TFUE.

[11] Sobre a denominação dos tribunais da União no Projecto de Tratado que Estabelece uma Constituição para a Europa v. José Manuel Sobrino Heredia, *El sistema jurisdiccional el el proyecto de Tratado constitucional de la Unión Europea*, Rev. Der. Com. Eur., 2003, pp. 999-1000, e A. Tizzano, *La "Costituzione europea" e il sistema giurisdizionale comunitario*, Dir. Un. Eur., 2003, pp. 459-561.

tando uma dualidade entre pilar comunitário e pilares intergovernamentais, entre as Comunidades Europeias e a União Europeia.

Em segundo lugar, parece adequada a manutenção da denominação «Tribunal de Justiça» – para o anteriormente denominado Tribunal de Justiça (das Comunidades Europeias) – já que se insere numa linha de continuidade.

Em terceiro lugar, se a alteração da denominação do anterior Tribunal de Primeira Instância pode ser explicada pelo facto de a possibilidade de criação de câmaras jurisdicionais, prevista pelo Tratado de Nice – e já concretizada[12] –, lhe ter retirado inequivocamente[13] a natureza de órgão jurisdicional que julga em primeira instância[14] – pelo menos relativamente às matérias que devam ser objecto de apreciação por aquelas câmaras –, tal alteração de denominação, por essa razão, deveria ter sido consagrada já pelo próprio Tratado de Nice, o que não aconteceu[15]. Acresce que a terminologia empregue pelo Tratado de Lisboa – Tribunal *Geral* – não se afigura inteiramente adequada na medida em que o anterior Tribunal de Primeira Instância não é ainda um tribunal geral no qual são intentados *todas* as acções e recursos – já que não tem de todo competência para as acções por incumprimento[16] nem, por enquanto – isto é, enquanto o Estatuto não definir as matérias específicas – para apreciar questões prejudiciais[17]. Com efeito, a repartição da competência entre os tribunais da União existentes – deno-

---

[12] Vide a Declaração relativa ao artigo 225.°-A do Tratado instittivo da Comunidade Europeia (N.° 16) anexa ao Tratado de Nice. A primeira das «Câmaras jurisdicionais» (e por enquanto única) – o Tribunal da Função Pública da União Europeia (TFPUE) – foi criada pela Decisão do Conselho de 2 de Novembro de 2004 (JOUE L 333 de 9/11/2004).

[13] Como sublinha Rui Moura Ramos, o TPI já era uma segunda instância que, em matéria de marca comunitária, controlava decisões da Câmara de Recursos de uma Agência da Comunidade – *O Sistema Jurisdicional da União Europeia. O Presente e o Futuro*, in Revista de Estudos Europeus, n.° 2, 2007, p. 269.

[14] Neste sentido, a propósito do TECE, Ana Maria Guerra Martins, *O Projecto de Constitutição Europeia. Contributo para o debate sobre o futuro da União*, 2ª ed., Coimbra, Almedina, 2004, p. 70, José Manuel Sobrino Heredia, *El sistema...*, p. 999, e A. Tizzano, *La "Costituzione europea"...*, p. 459, o qual salienta exactamente que «a denominação já não reflecte a realidade».

[15] V., em especial, os ex-art.s 220.°, par. 1, e 224.° do TCE, com a redacção decorrente do Tratado de Nice.

[16] Quer na versão do TCE em vigor até à entrada em vigor do TL, quer na versão do TFUE decorrente do Tratado de Lisboa, a competência do Tribunal de Justiça para a acção por incumprimento continua a decorrer, *a contrario*, do ex-art. 225.°, n.° 1, do TCE a que corresponde o art. 256.° do TFUE.

[17] Cf. ex-art. 225.°, n.° 3, do TCE e art. 256.°, n.° 3, TFUE.

minados, até à entrada em vigor do Tratado de Lisboa, Tribunal de Justiça das Comunidades Europeias, Tribunal de Primeira Instância e Tribunal da Função Pública da União Europeia – decorria do disposto no ex-artigo 225.º do TCE e da respectiva articulação com o artigo 51.º do Estatuto do TJ – e cujo teor se mantém após a entrada em vigor do Tratado de Lisboa.

Em quarto lugar, o Tratado de Lisboa afasta-se da designação introduzida pelo Tratado de Nice que previu a criação de «câmaras jurisdicionais»[18] e emprega, em vez daquela, a designação «tribunais especializados», clarificando a sua natureza de verdadeiro órgãos jurisdicionais – ainda que com carácter especializado em função da matéria e «adstritos ao Tribunal Geral»[19].

1.2. *Aumento do número de Advogados-gerais*

O artigo 252.º, parágrafo primeiro, do TFUE prevê a possibilidade de aumentar o número de advogados-gerais a pedido do TJUE e mediante deliberação do Conselho por unanimidade. O compromisso assumido pelos Estados membros consubstanciado na Declaração (N.º 38) ad artigo 252.º do Tratado sobre o Funcionamento da União Europeia sobre o número de advogados-gerais do Tribunal de Justiça vai no sentido do aumento do número de oito para onze, ou seja, mais três, e que nesse caso a Polónia – tal como já acontece em relação aos Estados ditos grandes (Alemanha, França, Itália, Espanha e Reino Unido) – passará a ter um advogado-geral permanente e deixará de participar no sistema de rotação, que passará a abranger cinco advogados gerais.

1.3. *Comité consultivo*

O novo artigo 255.º do Tratado sobre o Funcionamento da União institui, de modo inovador, um comité[20,21] consultivo sobre a adequação dos

---

[18] Ex-art. 225.º-A do TCE, na redacção introduzida pelo Tratado de Nice.
[19] Cf. art. 256.º TFUE.
[20] O comité é composto, de acordo com o parágrafo 2 do artigo 255.º, «por sete personalidades, escolhidas de entre antigos membros do Tribunal de Justiça e do Tribunal Geral, membros dos tribunais supremos nacionais e juristas de reconhecida competência, um dos quais será proposto pelo Parlamento Europeu».
[21] Esta inovação constava já do art. III-357.º do TECE – sobre esta inovação v. A. Tizzano, *La "Costituzione europea"*..., p. 465.

candidatos ao exercício de funções de juiz ou de Advogado-Geral no Tribunal de Justiça e no Tribunal Geral, cuja intervenção é prévia à decisão dos governos do Estados membros, nos termos dos artigos 223.° e 224.° do TFUE[22]. Sendo a competência do Comité «dar *parecer*» sobre a adequação dos candidatos ao exercício das funções de juiz ou de Advogado-Geral do TJ e do TG, os seus actos não têm efeito vinculativo[23,24].

1.4. *Alteração do Estatuto do Tribunal de Justiça da União Europeia*

A nova redacção do artigo 281.° do TFUE, prevê a alteração do Estatuto do Tribunal de Justiça da União Europeia, fixado em Protocolo separado[25], através do «processo legislativo ordinário»[26] – que consiste na adopção de um acto legislativo conjuntamente pelo PE e pelo Conselho – quer a pedido do TJ e após consulta à Comissão, quer sob proposta da Comissão e após consulta ao TJ – com excepção não só do respectivo Título I (já mencionado no TCE), mas também do seu artigo 64.°, em matéria de regras relativas ao regime linguístico aplicável ao Tribunal de Justiça, as quais são definidas por regulamento do Conselho deliberando por unanimidade.

---

[22] Cf. artigos 223.°, par. 1, *in fine*, e 224.°, par. 2, *in fine*, do TFUE.
[23] Cf. art. 288.°, par. 5, do TFUE (correspondente ao ex-art. 249.°, par. 5, TCE): «As recomendações e os pareceres não são vinculativos.
[24] Quer a adopção das regras de funcionamento do Comité, quer a designação dos respectivos membros, tem lugar mediante *decisão* do Conselho, deliberando sob iniciativa do Presidente do Tribunal de Justiça (cf. art. 255.°, par. 2, TFUE).
[25] Vide o Protocolo (N.° 3) relativo ao Estatuto do Tribunal de Justiça da União Europeia.
[26] Cf. arts. 289.°, n.° 1, e 294.° TFUE.

2. Os meios contenciosos

Em matéria de meios contenciosos principais[27,28], o Tratado de Lisboa, introduz algumas alterações significativas no TCE que passam a constar do Tratado sobre o Funcionamento da União Europeia – e retomam o disposto no TECE.

2.1. Processo por incumprimento

O artigo 260.° do TFUE (ex-art. 228.° TCE), que versa sobre o processo por incumprimento, regista, na redacção decorrente do Tratado de Lisboa, duas alterações fundamentais[29,30].

---

[27] Em matéria de contencioso de plena jurisdição relativo às sanções previstas em regulamentos (art. 261.° TFUE), contencioso da função pública da União Europeia (art. 270.° TFUE), litígios que envolvam o Banco Europeu de Investimento (BEI) e relativos à execução das obrigações decorrentes dos Tratados e dos Estatutos do Sistema Europeu de Bancos Centrais e do Banco Central Europeu pelos bancos centrais nacionais (art. 271.° TFUE), competência fundada em cláusula compromissória (art. 272.° TFUE) ou compromisso (art. 273.° TFUE), providências cautelares (arts. 278.° e 279.° TFUE) e força executiva dos acórdãos do TJUE (art. 280.° e 299.° TFUE) não há alterações de fundo a registar. V., apenas quanto a alterações de forma nos arts. 270.° e 278.°, o art. 2.°, B, 221) e 225), do TL.

[28] Quanto ao art. 262.° TFUE relativo à atribuição ao TJUE de competência para decidir litígios relativos a actos de Direito derivado em matéria de títulos europeus de propriedade industrial, refira-se que o TL, entre outras modificações, substituiu a parte final daquele artigo (que previa que «O Conselho recomendará a adopção dessas disposições pelos Estados membros, de acordo com as respectivas normas constitucionais») pela seguinte redacção: «Essas disposições entram em vigor após a sua aprovação pelos Estados membros, em conformidade com as respectivas normas constitucionais» (art. 2.°, B, 213), TL) e substituiu a referência ao processo de aprovação do acto previsto no ex-art. 229.°-A TCE (deliberação do Conselho por unanimidade, sob proposta da Comissão e após consulta ao PE) pela referência à deliberação do Conselho por unanimidade de acordo com um processo legislativo *especial* e após consulta ao PE – desaparece em consequência a referência à proposta da Comissão, mas que se manterá em virtude do artigo 17.°, n.° 2, TUE e tendo em conta que o art. 262.° do TFUE não a afasta expressamente.

[29] V. Tratado de Lisboa, art. 2.°, B, 212), a) e b).

[30] Sobre as alterações em matéria de processo por incumprimento no projecto de TECE, válidas para o Tratado de Lisboa, v. Michael Dougan, *The Convention's Draft Constitutional Treaty: bringing Europe closer to its lawyers?*, ELR, 2003, p. 788, José Manuel Sobrino Heredia, *El sistema...*, pp. 1031-1033, e A. Tizzano, *La "Costituzione europea"..*, pp. 466-468.

Em primeiro lugar, o n.º 2 do preceito contempla um *encurtamento* da fase pré-contenciosa do segundo processo por incumprimento, dado que deixa de fazer referência à formulação de um parecer fundamentado pela Comissão. Assim, este órgão pode, após ter dado ao Estado em causa a possibilidade de apresentar as suas observações, propor uma acção por incumprimento no Tribunal de Justiça da União Europeia competente – por ora o Tribunal de Justiça –, indicando o montante da quantia fixa ou progressiva a pagar pelo Estado membro, que considerar adequada às circunstâncias[31]. O novo regime consagrado não nos parece isento de críticas[32]. A eliminação do parecer fundamentado, até agora condição *sine qua non* da passagem à fase contenciosa do processo por incumprimento não garante, por si só, a celeridade do segundo processo por incumprimento e o encurtamento do tempo que decorre entre a prolação do primeiro acórdão por incumprimento e a propositura da segunda acção por incumprimento. Com efeito, não só o respeito pelo princípio do contraditório não permitirá dispensar a carta de notificação – que antecede, na fase graciosa do processo por incumprimento, o parecer fundamentado – ou comunicação ao Estado infractor em moldes idênticos, mas também o novo regime consagrado não limita o poder discricionário reconhecido à Comissão nesta matéria.

Em segundo lugar, o novo n.º 3 do artigo 260.º do TFUE prevê, de modo inovador, em caso de incumprimento da obrigação de comunicação das medidas de transposição de uma directiva adoptada de acordo com um processo legislativo, a possibilidade de o TJUE, a pedido da Comissão e concomitantemente com o acórdão proferido numa *primeira* acção por incumprimento, aplicar uma sanção pecuniária de quantia fixa ou progressiva

---

[31] José Manuel Sobrino Heredia admite a hipótese de o Estado membro infractor «solicitar a anulação da decisão da Comissão» – *El sistema...*, p. 1033. Não nos parece todavia adequada tal possibilidade, tendo em conta em especial que a proposta de tipo e montante de sanção constará de uma peça processual – ainda que precedida de uma 'decisão' interna da Comissão – e não de uma decisão típica e, ainda, a margem de liberdade de actuação sempre reconhecida à Comissão em matéria de processo e de acção por incumprimento.

[32] Críticas que formulámos a propósito do TECE e que se mantêm actuais – v. Maria José Rangel de Mesquita, *O Poder Sancionatório da União e das Comunidades Europeias sobre os Estados membros*, Coimbra, Almedina, 2006, p. 764.

ao Estado membro infractor, cuja obrigação de pagamento produz efeitos na data estabelecida pelo Tribunal no seu acórdão[33,34].

A criação de um regime *especial* de primeira acção por incumprimento, simultaneamente declarativa e condenatória[35], apenas para o caso do incumprimento *formal* da obrigação de comunicação de medidas de transposição de uma directiva, afigura-se criticável. Não só porque tal regime especial se funda num incumprimento formal sem atender à diferente natureza e gravidade do incumprimento material que lhe está subjacente, mas também por não estender idêntico regime a casos de incumprimento materialmente relevantes – designadamente pela natureza e importância da norma ou princípio de Direito da União Europeia inobservado, activa ou passivamente, por um Estado membro – mas em que não esteja em causa a transposição de uma directiva, correndo o risco de gerar uma violação do princípio da igualdade. Além disto a nova redacção do número 3 do artigo 260.° do TFUE não estipula qualquer paralelismo com a actuação da Comissão nos termos do número 2 do mesmo preceito, ou seja, no âmbito do segundo processo por incumprimento parecendo dar à Comissão uma mera faculdade de indicar o montante da sanção pecuniária, ao prever que «(...) a Comissão *pode, se o considerar adequado*, indicar o montante da quantia fixa ou da sanção pecuniária compulsória que considerar adequada às circunstâncias»[36]. Por último, não se compreende que o TJUE fique limitado a condenar o Estado

---

[33] No âmbito da CIG 2004, e quanto à alteração correspondente constante do TECE, a nota da Presidência italiana de 25 de Novembro de 2003, na sequência do do Conclave ministerial de Nápoles (CIG52/03), previa, em «Diversos», na alínea f), relativa ao «Poder do Tribunal de Justiça para impor sanções pecuniárias aos Estados membros» que a Presidência propõe que se altere o texto da Convenção de modo a clarificar esta competência do Tribunal, nos termos previstos no Anexo 38 da Adenda 1.

[34] Para Floris de Witte esta alteração visa incentivar os Estados a notificar as medidas de transposição dentro do prazo e, ainda, aliviar a pressão sobre a sobrecarga do TJUE causada por uma duplicação de processos por incumprimento (em primeiro e segundo grau) – *The European Judiciary After Lisbon*, MJ, 2008, Vol. 15, N.° 1, p. 50.

[35] Conforme afirma A. Tizzano a propósito do TECE, com a nova disciplina prevista «a sentença do Tribunal torna-se todavia numa sentença de "condenação", transformando assim o sentido e a natureza do sistema, pelo menos dentro dos limites em que a disposição é aplicável» – *La "Costituzione europea"...*, p. 467.

[36] Art. 260.°, n.° 3, primeiro par., *in fine*, do TFUE – o itálico é nosso. Diferentemente, o n.° 2 do mesmo artigo, prevê, em matéria de segundo processo por incumprimento, que «A Comissão *indica* o montante da quantia fixa ou da sanção pecuniária compulsória a pagar pelo Estado membro, que considerar adequado às circunstâncias» – o itálico é nosso.

infractor «no limite do montante indicado pela Comissão» – limitação essa que não se verifica (nem se podia verificar em nosso entender) no âmbito do número 2, e, assim, da segunda acção por incumprimento. Ainda que se entendesse que, tratando-se da aplicação de uma sanção numa primeira acção por incumprimento, a Comissão goza de um poder discricionário para indicar ao Tribunal a sua natureza e o montante da sanção a aplicar ao Estado se o entender conveniente, nunca o órgão jurisdicional deveria, em nossa opinião, ver a sua competência de plena jurisdição limitada neste domínio pela quantificação efectuada pela Comissão – ainda que em nome do princípio do pedido.

2.2. Recurso de anulação

O artigo 263.º do TFUE (ex-art. 230.º TCE) regista algumas inovações significativas[37,38].

Em termos de legitimidade passiva, o parágrafo 1 daquela disposição passa a prever também a fiscalização, pelo TJUE, dos actos do Conselho Europeu «destinados a produzir efeitos em relação a terceiros» e dos «actos dos órgãos ou organismos da União destinados a produzir efeitos jurídicos em relação a terceiros».

Em termos de legitimidade *activa*, por um lado, o parágrafo 3 do artigo 263.º vem acrescentar à categoria de recorrentes semi-privilegiados, a par do Tribunal de Contas e do Banco Central Europeu (BCE), o *Comité das Regiões*[39,40].

---

[37] V. Tratado de Lisboa, art. 2.º, B, 214), a) a d).

[38] Sobre as alterações em matéria de recurso de anulação no TECE, válidas para o Tratado de Lisboa, v. Michael Dougan, *The Convention's…*, pp. 788-789, José Manuel Sobrino Heredia, *El sistema…*, pp. 1034-1037, e A. Tizzano, *La "Costituzione europea"…*, p. 468-472.

[39] O parágrafo 2 do art. 8.º do *Protocolo (N.º 2) relativo à aplicação dos princípios da subsidiariedade e da proporcionalidade,* anexo ao Tratado de Lisboa, prevê que o Comité das Regiões pode interpor recursos «desta natureza» de actos legislativos para cuja adopção o TFUE determine que seja consultado – resta clarificar se aquela referência diz respeito à natureza do recurso (recurso de anulação) ou à limitação do seu fundamento à violação do princípio da subsidiariedade, como sucede em relação ao parágrafo 1 do mesmo artigo. Na medida em que o texto do art. 263.º não contempla tal limitação em termos de fundamento de recurso, deve entender-se que a referência diz respeito apenas à natureza do recurso.

[40] O parágrafo 1 do art. 8.º do *Protocolo (N.º 1) relativo à aplicação dos princípios da subsidiariedade e da proporcionalidade* anexo ao Tratado de Lisboa prevê que o

Por outro lado, o parágrafo 4 do artigo 263.º alarga a legitimidade activa dos recorrentes não privilegiados, na medida em que prevê que qualquer daqueles pode interpôr recursos de «actos de que seja destinatário ou que lhes digam directa e individualmente respeito», bem como de «actos regulamentares que lhe digam directamente respeito e não necessitem de medidas de execução» – afastando-se neste último caso a exigência da afectação individual.

Por último, o novo parágrafo 5 prevê que «Os actos que criam os órgãos e organismos da União podem prever condições e regras específicas relativas aos recursos propostos por pessoas singulares ou colectivas contra actos desses órgãos ou organismos destinados a produzir efeitos jurídicos em relação a essas pessoas».

Em termos de actos objecto de *recurso de anulação* o parágrafo 1 do artigo 263.º refere agora expressamente a fiscalização da legalidade dos *actos legislativos,* continuando a fazer referência, com as devidas adaptações, aos «actos do Conselho, da Comissão e do Banco Central Europeu que não sejam recomendações ou pareceres» e aos «actos do Parlamento Europeu destinados a produzir efeitos jurídicos em relação a terceiros» – acrescentando-se a referência ao Conselho Europeu (leia-se a actos do Conselho Europeu). Além disso o parágrafo 4 do mesmo artigo 263.º refere-se agora apenas a «actos» e não a «decisões»[41,42].

Não obstante as alterações introduzidas pelo Tratado de Lisboa, no que toca à legitimidade activa dos recorrentes não privilegiados, os avanços não são ainda muito significativos: apesar do alargamento dos actos sindicáveis aos «actos aprovados pelos órgãos ou organismos da União desti-

---

TJUE é competente para apreciar os recursos de anulação com fundamento em violação do princípio da subsidiariedade interpostos «por um Estado membro, ou por ele transmitidos, em conformidade com o seu respectivo ordenamento jurídico interno, em nome do seu Parlamento nacional ou de uma câmara desse Parlamento». Note-se no entanto que, pese embora a ambiguidade da redacção da disposição, a legitimidade *activa* parece continuar, em última análise, a pertencer aos Estados membros, sem prejuízo de um direito de iniciativa *indirecta* do respectivo Parlamento nacional ou de uma sua câmara e que o Estado deverá respeitar.

[41] O parágrafo 4 do ex-art. 230.º TCE refere-se a decisões de que os recorrentes não privilegiados sejam destinatários e a «decisões que, embora tomadas sob a forma de regulamento ou de decisão dirigida a outra pessoa, lhe digam directa e individualmente respeito».

[42] O artigo 264.º, par. 2, TFUE relativo à subsistência dos efeitos do acto anulado, passa, na redacção do Tratado de Lisboa, a referir-se genericamente a «acto» anulado e não a «regulamento», como acontecia com o par. 2 do ex-art. 231.º do TCE.

nados a produzir efeitos em relação a terceiros» e, no que diz respeito aos recorrentes não privilegiados, aos «actos regulamentares que lhes digam directamente respeito e não necessitem de medidas de execução»[43], não se vislumbra, nos demais casos, qualquer avanço no que toca ao conceito de afectação individual – continuando a aplicar-se os critérios definidos pelo Tribunal de Justiça na jurisprudência Plaumann[44].

2.3. *Processo por omissão*

Em matéria de processo por omissão, previsto no artigo 265.º do TFUE, na redacção do Tratado de Lisboa, são duas as alterações a registar.

Em primeiro lugar, e em consonância com a alteração correspondente quanto ao recurso de anulação[45], a última frase do parágrafo 1 daquele preceito prevê um alargamento da legitimidade passiva. Com efeito, o preceito em causa prevê a sua aplicação «aos órgãos e organismos da União que se abstenham de se pronunciar». Correlativamente, o parágrafo 3 do artigo 265.º, faz também referência aqueles «órgãos e organismos», quando se refere à legitimidade activa dos recorrentes não privilegiados. Além disso, a legitimidade passiva é expressamente alargada ao Conselho Europeu.

Por último a referência ao Banco Central Europeu deixa de constar de um parágrafo autónomo – o parágrafo 4 do ex-artigo 232.º do TCE, que o Tratado de Lisboa suprime – para integrar o parágrafo 1 do artigo 265.º do TFUE que versa sobre a legitimidade passiva e activa.

Em consequência das alterações relativas ao Conselho Europeu e ao BCE, não pode deixar de se entender que a expressão «instituições» utilizada no parágrafo 1 do artigo 265.º abrange também o BCE e o Conselho Europeu, doravante instituições da União[46] e recorrentes privilegiados para efeitos de legitimidade activa.

---

[43] Fazendo eco dos contornos do caso *Jego-Queré* e da necessidade então evidenciada de uma tutela jurisdicional efectiva no caso de inexistência de medidas nacionais de aplicação de um acto (legislativo) comunitário – ac. do TPI (1ª Secção Alargada) de 3/05/2002, *Jégo-Quéré*, Proc. T-177/01, Col., 2002, p. II-2365 e ss. V. também, em especial, o teor do ac. do TJ de 2/04/1998, *Greenpeace*, Proc. C-321/95-P, Col., 1998, p. I-1651 e ss., e do ac. de 25/07/2002, *Unión de Pequeños Agricultores*, Proc. C-50/00P, Col, 2002, p. I-6677 e ss.

[44] Ac. TJ de 15/7/1963, proc. 25/62, Rec., p. 197 e ss.

[45] V. novo texto do art. 263.º, n.º 1, parte final, do TFUE.

[46] Cf. art. 3.º, n.º 1, TUE.

2.4. Processo das questões prejudiciais

Quanto ao processo das questões prejudiciais é de referir desde logo a *uniformização* dos regimes jurídicos das questões prejudiciais decorrente da entrada em vigor do Tratado de Lisboa: em matéria de vistos, asilo, imigração e outras políticas relativas à livre circulação de pessoas, desaparece o regime especial do processo das questões prejudiciais consagrado pelo ex-artigo 68.° do TCE[47]; em matéria de terceiro pilar, os artigos do TUE relativos à Cooperação Policial e Judiciária em Matéria Penal (CPJMP), entre os quais o ex-artigo 35.° do TUE, são substituídos por novos artigos do TFUE[48], desaparecendo assim, sem prejuízo das disposições transitórias[49], o regime especial de questões prejudiciais constante do ex-artigo 35.°, n.°s 1 a 4, do TUE, mantendo-se apenas a limitação constante do n.° 5 do ex-artigo 35.° do TUE – que passa a constar do artigo 276.° do TFUE.

Relativamente ao artigo 267.° do TFUE (ex-art. 234.° TCE), que versa sobre o (regime comum e doravante único) do *processo das questões prejudiciais*[50], são de pôr em destaque três modificações em relação à redacção do ex-artigo 234.° do TCE.

Em primeiro lugar, a eliminação da referência ao Banco Central Europeu na alínea b) do parágrafo um – não obstante a supressão, a apreciação da validade e a interpretação dos actos adoptados pelo BCE continua a estar incluída no objecto do processo das questões prejudiciais, dado que o BCE é considerado, pelo Tratado de Lisboa, como atrás se referiu, uma «instituição». Assim, as alíneas a) e b) do art. 267.° do TFUE passam a referir-se, respectivamente, à «interpretação» dos Tratados – TFUE e TUE – à «validade e interpretação dos actos adoptados pelas *instituições* da União» – pelo que esta noção que passa a incluir o Conselho Europeu e o BCE.

Em segundo lugar, a eliminação da alínea c) do parágrafo um do ex-artigo 234.° TCE que previa a competência do TJCE para a interpretação dos estatutos dos organismos criados por acto do Conselho, desde que estes

---

[47] V. Tratado de Lisboa, art. 2.°, B, 67), prevendo a revogação do art. 68.° do TCE.
[48] V. Tratado de Lisboa, art. 1.°, 51).
[49] Cf. art. 10.° do Protocolo (N.° 36) relativo às disposições transitórias.
[50] Sobre as alterações em matéria de processo das questões prejudiciais no quadro do TECE, retomadas pelo Tratado de Lisboa, v. A. Tizzano, *La "Costituzione europea"...*, pp. 475-476.

estatutos o prevejam – passando essa referência a constar da alínea b), parte final, do artigo 267.º TFUE.

Em terceiro lugar, o artigo em causa passa a conter um novo parágrafo – o quarto e último – o qual prevê que, se for suscitada uma questão prejudicial num «processo pendente perante um órgão jurisdicional nacional relativamente a uma pessoa detida, o Tribunal pronunciar-se-á com a maior brevidade possível». Este parágrafo retoma a previsão da tramitação urgente dos pedidos de decisão prejudicial relativos ao ELSJ introduzida no Protocolo relativo ao Estatuto do Tribunal de Justiça por Decisão do Conselho de 20 de Dezembro de 2007[51] e, em particular, um dos casos contemplados[52].

2.5. *Acção de responsabilidade civil extracontratual*

Em matéria de responsabilidade civil extracontratual da União Europeia as alterações a registar prendem-se com a nova redacção do terceiro parágrafo do artigo 340.º do TFUE (ex-art. 288.º TCE), que passa a ter o teor seguinte:

«Em derrogação do segundo parágrafo, o Banco Central Europeu deve indemnizar, de acordo com os princípios gerais comuns aos direitos dos Estados membros, os danos causados por si próprio ou pelos seus agentes no exercício das suas funções»[53].

---

[51] Decisão do Conselho de 20/12/2007, JOUE L 24, de 29/01/2008, p. 39 e ss. As alterações implicaram o aditamento do art. 23.º-A ao Protocolo relativo ao Estatuto do Tribunal de Justiça e, ainda do art. 104.º-B ao Regulamento de Processo do Tribunal de Justiça. O Protocolo (N.º 3) relativo ao Estatuto do Tribunal de Justiça da União Europeia, anexo ao Tratado de Lisboa, manteve o referido artigo 23.º-A – mantendo-se também o art. 104.º-B do Regulamento de Processo do Tribunal de Justiça.

[52] Vide a *Nota Informativa relativa à apresentação de pedidos de decisão prejudicial pelos órgãos jurisdicionais nacionais* (2009/C 297/01), II. A tramitação prejudicial urgente (PPU), n.º 36, que retoma o disposto no ponto 7 da originária *Nota Informativa relativa à apresentação de pedidos de decisão prejudicial pelos órgãos jurisdicionais nacionais – Complemento na sequência da entrada em vigor da tramitação urgente aplicável aos pedidos de decisão prejudicial relativos ao espaço de liberdade, segurança e de justiça* (disponível em http://curia.eu.int) e considera que um exemplo de caso em que um órgão jurisdicional nacional poderá apresentar um pedido de tramitação prejudicial urgente, é o caso previsto no artigo 267.º, quarto parágrafo, TFUE, de uma pessoa detida ou privada de liberdade, quando a resposta à questão colocada seja determinante para a apreciação da situação jurídica dessa pessoa.

[53] V. Tratado de Lisboa, art. 2.º, B, 283).

Dado que o segundo parágrafo do artigo 340.º se mantém inalterado, com excepção da substituição da referência a «Comunidade» por uma referência a «União»[54], e tendo em conta que o BCE passa a ser considerado, após a entrada em vigor do TL, uma «instituição» da União, a alteração do parágrafo terceiro da disposição em causa não pode deixar de se interpretar à luz da diferente natureza jurídica do BCE em relação às demais instituições da União. De facto, se nos termos do segundo parágrafo do artigo 340.º, a União deve indemnizar, de acordo com os princípios gerais comuns aos direitos dos Estados membros, os danos causados pelas suas *instituições* ou pelos seus agentes no exercício das suas funções e o Tratado de Lisboa enquadra o BCE no elenco das «instituições» da União[55], o BCE ficaria à partida abrangido pela previsão do parágrafo 2 do artigo 340.º do TFUE – o que significaria *prima facie* que seria a própria União a responder, financeiramente, pelos danos causados.

A manutenção, no artigo 340.º, de um parágrafo autónomo relativo ao BCE – em sentido contrário do que sucede em relação aos artigos relativos a outros meios contenciosos – apenas se explica pelo facto de o BCE não ser uma «instituição» como as outras elencadas no novo artigo 13.º do TUE e, assim, responder ele próprio financeiramente (e não a União) pelos danos que sejam causados por si ou pelos seus agentes no exercício das suas funções. Com efeito, o BCE é um ente jurídico dotado de personalidade jurídica e órgãos próprios de decisão, e independência no exercício dos seus poderes e na gestão das suas finanças[56] – natureza jurídica distinta essa que o TUE ignora ao elencar, no artigo 13.º, n.º 1, o BCE como «instituição» da União Europeia[57].

Refira-se também que sendo o Conselho Europeu considerado pelo Tratado de Lisboa uma instituição da União – assim passando a dispor o artigo 13.º, n.º 1, do TUE – ficará abrangido pelo âmbito de aplicação dos artigos relativos ao meio contencioso em questão.

---

[54] V. Tratado de Lisboa, art. 2.º, A, 2), a).
[55] Cf. art. 13.º, n.º 1, 6.º trav., TUE.
[56] V. em especial o art. 282.º, n.º 3, e o art. 283.º TFUE.
[57] A natureza jurídica em causa poderá justificar a referência, no par. 3 do art. 340.º do TFUE, relativo à responsabilidade civil extracontratual do BCE, a referência aos danos causados *«por si próprio* ou pelos seus agentes» (o itálico é nosso).

2.6. Excepção de ilegalidade

No tocante à excepção de ilegalidade, é de salientar a alteração, no artigo 277.° do TFUE (ex-art. 241.° TCE), da nomenclatura dos actos cuja ilegalidade pode ser invocada por via incidental e dos respectivos autores. Se o ex-artigo 241.° do TCE se referia a «regulamentos» aprovados pelo PE e pelo Conselho, pelo Conselho, pela Comissão ou pelo BCE, a nova redacção do artigo 277.° do TFUE refere-se a um «acto de alcance geral adoptado por uma instituição, um órgão ou um organismo da União».

3. As disposições transitórias

O Tratado de Lisboa prevê, no Título VII[58] do *Protocolo (N.° 36) relativo às disposições transitórias*[59], algumas disposições com incidência em matéria de contencioso da União Europeia – quer em relação à competência do TJUE quer em relação à competência da Comissão no quadro do meio contencioso processo por incumprimento.

O art. 10.°, n.° 1, do referido Protocolo (N.° 36) relativo às disposições transitórias, prevê a existência de uma disposição transitória que, nos termos do n.° 3 do mesmo artigo, produz efeitos durante um período transitório de cinco anos após a data de entrada em vigor do Tratado de Lisboa – ou seja, até 30 de Novembro de 2014.

A disposição transitória em causa reporta-se aos actos da União no domínio da cooperação policial e da cooperação judiciária em matéria penal adoptados antes da entrada em vigor do Tratado de Lisboa[60] e prevê duas excepções à competência de duas das instituições da União: a Comissão e o TJUE.

---

[58] O Título VII versa sobre «Disposições transitórias relativas aos actos adoptados com base nos títulos V e VI do Tratado da União Europeia antes da entrada em vigor do Tratado de Lisboa».

[59] V. Tratado de Lisboa, Protocolos, A. Protocolos a anexar ao TUE, ao TFUE e, se for caso disso, ao TCEEA.

[60] O art. 9.°, n.° 1, do Protocolo (N.° 36) prevê que os efeitos dos actos adoptados com base no TUE antes da entrada em vigor do TL são «preservados enquanto esses actos não forem revogados, anulados ou alterados em aplicação dos Tratados» – e o mesmo se aplica às convenções celebradas entre os Estados membros com base no TUE (art. 9.°, par. 2).

Assim, relativamente aos actos em causa, não serão aplicáveis durante o período transitório as competências conferidas à Comissão nos termos do artigo 258.º do TFUE, ou seja, em matéria de processo por incumprimento – o que significa que a Comissão não pode instaurar um processo por incumprimento contra um Estado membro pela não observância daqueles actos. Note-se no entanto que, em teoria, as disposições transitórias não ressalvam a iniciativa dos Estados membros em matéria de processo por incumprimento – já que o artigo 10.º do Protocolo (N.º 36) nada ressalva relativamente à legitimidade activa do Estados em matéria de processo por incumprimento comum prevista no artigo 259.º do TFUE[61].

Além disso, relativamente aos actos em causa e durante o período transitório, as competências conferidas ao TJUE nos termos do Título VI do TUE, na versão em vigor até à entrada em vigor do Tratado de Lisboa[62], permanecerão inalteradas, inclusivamente nos casos em que tenham sido aceites nos termos do n.º 2 do ex-artigo 35.º do TUE – o que significa que a extensão da competência *ratione materiae* do TJUE relativamente ao ex-terceiro pilar não é imediata, mas sim gradual. Esta limitação em termos de período transitório tem incidência em termos de meios contenciosos – já que durante aquele período os únicos meios que podem continuar a ser utilizados são o recurso de anulação, previsto no n.º 6 do ex-artigo 35.º do TUE e o processo das questões prejudiciais previsto nos números 1 a 5 do ex-artigo 35.º do TUE, quando os Estados tenham aceite a competência do (então) TJCE e nos moldes em que a tenham aceite.

Não obstante o disposto em matéria de período transitório, a alteração de qualquer acto do domínio da cooperação policial e da cooperação judiciária em matéria penal, ou seja, do ex-terceiro pilar (CPJMP) da União Europeia, terá por efeito a aplicabilidade das competências das instituições da União em causa (Comissão e TJUE) conforme definidas nos Tratados,

---

[61] O que na prática significa que um Estado pode submeter a questão do incumprimento à Comissão nos termos do art. 259.º do TFUE – e se a Comissão não formular um parecer fundamentado no prazo de 3 meses (o que poderá fazer dado que o n.º 1 do Protocolo (N.º 36) relativo às disposições transitórias apenas se refere às competências da Comissão previstas no artigo 258.º do TFUE, ou seja, processo por incumprimento comum da iniciativa pela Comissão) – o Estado membro em causa poderá recorrer ao Tribunal de Justiça da União Europeia.

[62] Trata-se do Título com a epígrafe «Disposições relativas à cooperação policial e judiciária em matéria penal», ou seja, o Título que até à entrada em vigor do Tratado de Lisboa regulava o terceiro pilar da União Europeia.

relativamente ao acto alterado, para os Estados membros aos quais este seja aplicável[63,64].

4. A competência *ratione materiae* do Tribunal de Justiça da União Europeia

As disposições mais relevantes para efeitos de determinação do âmbito da competência *ratione materiae* do Tribunal de Justiça da União Europeia (e independentemente do Tribunal da União Europeia em concreto competente) são os novos *artigos 269.°, 275.° e 276.°* do Tratado sobre o Funcionamento da União Europeia que, respectivamente, retomam o disposto na ex-alínea e) do ex-artigo 46.° do TUE, consagram pela positiva uma exclusão do âmbito de competência do Tribunal de Justiça que decorria, *a contrario*, daquele preceito, e excluem a competência do TJ relativamente a alguns aspectos em matéria de espaço de liberdade, segurança e justiça.

O novo artigo 269.° do TFUE prevê que o «Tribunal de Justiça» é competente para se pronunciar sobre a legalidade de um acto adoptado pelo Conselho Europeu ou pelo Conselho nos termos do artigo 7.° do TUE, a pedido do Estado membro relativamente ao qual tenha sido havido uma constatação do Conselho Europeu ou do Conselho nos termos do mesmo artigo do TUE, e apenas no que se refere à observância das disposições processuais nele previstas[65,66].

---

[63] Assim dispõe o n.° 2 do art. 10.° do Protocolo (N.° 36) relativo às disposições transitórias.

[64] Os números 4 e 5 do referido art. 10.° do Protocolo (N.° 36) relativo às disposições transitórias prevêem um regime especial aplicável ao Reino Unido que, até seis meses antes do termo do período transitório, pode notificar o Conselho que não aceita, relativamente aos actos da União no domínio da cooperação policial e da cooperação judiciária em matéria penal aprovados antes da entrada em vigor do TL, a competência das instituições mencionadas no n.° 1 do referido art. 10.°, ou seja, da Comissão e do TJUE. Caso proceda a tal notificação, os actos mencionados no n.° 1 do art. 10.° deixarão de lhe ser aplicáveis a partir da data do termo do período de transição (30/11/2014).

[65] V. Tratado de Lisboa, art. 2.°, B, 220).

[66] Sublinhando exactamente a não sindicabilidade do mérito das decisões do Conselho Europeu ou do Conselho pelo facto de o art. 7.° prever sanções de carácter internacional, U. Draetta, *La membership dell'Unione europea dopo il Trattato di Lisbona*, Dir. Un. Eur., 3/2008, p. 476. Em sentido idêntico, pelo facto de o regime em causa visar a preserva-

O meio contencioso relevante para o exercício da competência do Tribunal deve ser o recurso de anulação, não obstante a consagração de regras especiais, em termos de prazo: por um lado, o Estado interessado deve solicitar a intervenção do Tribunal de Justiça no prazo de um mês a contar da data da «constatação» – na fase preventiva ou declarativa – prevista no art. 7.º do TUE e, por outro lado, o órgão jurisdicional deve pronunciar-se no prazo de um mês a contar da data do pedido.

O parágrafo 1 do novo artigo 275.º do TFUE, aditado pelo Tratado de Lisboa – e em consonância com uma das especificidades da Política Externa e de Segurança Comum (PESC) elencadas no TUE[67] – exclui expressamente a competência do TJUE em relação às «disposições relativas à política externa e de segurança comum»[68] e aos «actos adoptados com base nessas disposições»[69]. Já resultava *a contrario* do teor do ex-artigo 46.º do TUE que o então TJCE não tinha competência relativamente às disposições do TUE relativas ao segundo pilar – a PESC. Não obstante tal exclusão prevista nos Tratados vigentes até à entrada em vigor do Tratado de Lisboa, o então TJCE era competente, nos termos da alínea f) do ex-artigo 46.º do TUE, em relação ao ex-artigo 47.º do TUE, segundo o qual nenhuma disposição do TUE afectava os Tratados institutivos das Comunidades e os Tratados e actos subsequentes que os alteraram ou completara, implicando a existência de controlo jurisdicional sobre a delimitação recíproca das competência dos órgãos da União no quadro do pilar comunitário, por um lado, e no quadro dos pilares intergovernamentais, entre os quais a PESC, por outro.

O parágrafo 2 do novo artigo 275.º do TFUE consagra uma excepção à exclusão da competência do Tribunal de Justiça da União Europeia em matéria de PESC, conferindo competência para controlar a observância do artigo 40.º do TUE e, ainda, para se pronunciar sobre os recursos relativos à fiscalização da legalidade das decisões que estabeleçam medidas restriti-

---

ção do carácter «puramente *político*» da verificação da existência de uma violação grave e persistente dos valores da União, Floris de Witte, *The European...*, p. 51.

[67] Cf. art. 24.º, n.º 1.º, 2.º par., parte final, do TUE.
[68] Cf. art. 23.º e ss. do TUE.
[69] Jean-Victor Louis sublinha, a propósito do projecto de TECE, a contradição entre a exclusão da competência do TJ em matéria de PESC pelo art. III-282.º do Projecto de Tratado e o princípio do Estado de direito afirmado pelo respectivo artigo I-2.º – *Le project de Constitution: continuité ou rupture?*, CDE, 2003, p. 221. A crítica mantém a sua pertinência após a entrada em vigor do Tratado de Lisboa, reportando-se agora aos artigos 275.º TFUE e 2.º TUE.

vas contra pessoas singulares ou colectivas aprovadas pelo Conselho com base no Capítulo 2 do Título V do TUE – estes interpostos nas condições previstas no parágrafo 4 do artigo 263.°, relativo ao recurso de anulação.

A atribuição excepcional de competência ao TJUE no domínio da PESC é confirmada pela nova redacção do artigo 24.°, n.° 1, parágrafo 2, *in fine,* do TUE, que dispõe expressamente que o TJUE «não dispõe de competência no que diz respeito a estas disposições (leia-se disposições específicas relativas à PESC), com excepção da competência de verificar a observância do artigo 40.° do presente Tratado e fiscalizar a legalidade de determinadas decisões a que se refere o segundo parágrafo do artigo 275.° do Tratado sobre o Funcionamento da União Europeia».

Por último, o novo artigo 276.° do TFUE prevê que, em matéria de disposições sobre o espaço de liberdade, de segurança e de justiça (ELSJ) – doravante previstas no Título V da Parte III do TFUE[70] – «o Tribunal de Justiça da União Europeia não é competente para fiscalizar a validade ou a proporcionalidade de operações efectuadas pela polícia ou outros serviços responsáveis pela aplicação da lei num Estado membro, nem para decidir sobre o exercício das responsabilidades que incumbem aos Estados membros em matéria de manutenção da ordem pública e de garantia da segurança interna»[71]. Esta disposição retoma o teor do número 5 do ex-artigo 35.° do TUE.

Tendo em conta o teor das disposições do TFUE mencionadas é pertinente efectuar um balanço, em termos de âmbito da competência *ratione materiae* do Tribunal de Justiça, em sentido *positivo.*

Em matéria do ex-*segundo pilar* criado pelo Tratado de Maastricht, ou seja, de PESC, o novo artigo 275.°, parágrafo 2, do TFUE permite o controlo da legalidade das medidas restritivas em relação a pessoas singulares e colectivas aprovadas pelo Conselho com base nas disposições específicas relativas à PESC constantes do TUE, fazendo eco da jurisprudência *Kadi e Al Barakaat*[72], bem como o controlo da observância do artigo 40.° do TUE, ou seja, da observância recíproca das disposições relativas à PESC

---

[70] V. artigo 67.° e ss do TFUE.
[71] Sobre o carácter ambíguo da formulação da correspondente disposição do Projecto de TECE, v. Michael Dougan, *The Convention's...,* p. 792.
72 Ac. do TJCE de 3/9/2008, *Kadi e Al Barakaat,* proc.s C-402/05 P e C-415/05 P (disponível em http://curia.eu.int), proferido na sequência de acórdãos do TPI de 21/9/2005, proc. T-306/01, *Yusuf e Al Barakaat* e proc. T-315/01, *Kadi,* Col., p. II-3533 e ss. e II-3649 e ss.

e às diversas categorias de competências – leia-se atribuições – da União Europeia. Este alargamento de competência em razão da matéria permite ao TJUE exercer um controlo jurisdicional quanto à articulação recíproca das bases jurídicas das competências para a prossecução das atribuições em matéria de PESC e demais atribuições da União[73].

Em matéria do ex-*terceiro pilar* e doravante ELSJ, a extensão da competência *ratione materiae* do Tribunal de Justiça da União Europeia é significativa[74], pelo desaparecimento das limitações correspondentes ao ex-artigo 35.º do TUE – sem prejuízo das disposições transitórias a que já se aludiu. Tal é a consequência lógica do desaparecimento, ao menos *formal*, decorrente da entrada em vigor do Tratado de Lisboa, da estrutura de pilares introduzida pelo TUE[75]. A competência do Tribunal de Justiça da União Europeia em matéria de ELSJ é, assim, no Tratado de Lisboa, uma competência obrigatória, sem reservas[76], que se exerce através de todos os meios contenciosos previstos nos Tratados, sem excepção. A única limitação que subsiste, para além, reitere-se, das limitações decorrentes das disposições transitórias, é a constante do artigo 276.º do TFUE e correspondente ao n.º 5 do ex-artigo 35.º do TUE[77].

Acresce que em matéria de *cooperações reforçadas*, que passam a estar previstas, com o Tratado de Lisboa, no artigo 20.º do TUE e nos artigos 326.º a 334.º do TFUE, desaparecem também as limitações constantes da alínea c) do ex-artigo 46.º do TUE, pelo que as disposições a ela relativas

---

[73] À semelhança do controlo jurisdicional quanto à articulação recíproca das competências com fundamento no primeiro pilar e nos pilares intergovernamentais permitido pelos ex-artigo 46.º, f) e 47.º TUE.

[74] Estella Baker e Christopher Harding sublinham a extensão da competência do TJUE em matéria do ex-terceiro pilar, em particular em articulação com o carácter sindicável dos direitos protegidos pela CDFUE, com aplicação plena no domínio do ELSJ (*From past imperfect to future perfect? A longitudinal study of the Third Pillar*, ELR, 2009, pp. 44 e 46).

[75] Como afirma A. Tizzano, «a *reductio ad unum* do sistema» levou à absorção da competência do TJ *ex* art. 35.º pela competência comum do TJ – *La "Costituzione europea"...*, p. 477.

[76] Sem prejuízo do disposto no Protocolo (N.º 21) relativo à posição do Reino Unido e da Irlanda em relação ao Espaço de Liberdade, Segurança e Justiça.

[77] Sobre a extensão da competência do TJUE em matéria de ex-terceiro pilar e no quadro dos diferentes meios contenciosos vide em especial Henry Labayle, *Le traité de Lisbonne et l'entraide répressive dans l'Union européenne*, ERA, 2007-2008/2, pp. 218-221.

ficam abrangidas pela competência do TJUE, nos moldes e de acordo com os meios contenciosos previstos pelo TFUE.

Por último, em matéria de *direitos fundamentais*, com o Tratado de Lisboa desaparece a limitação constante do ex-artigo 46.°, alínea d), do TUE. O controlo em matéria de violação de direitos fundamentais passa, em consequência, a ser possível nos termos gerais previstos pelo TUE e pelo TFUE e relativamente aos próprios Estados membros[78] – e já não confinado à actuação dos órgãos comunitários e aos meios adequados para o respectivo controlo, ou seja, os meios contenciosos integrados no contencioso da legalidade. Apesar de a nova redacção do artigo 6.° do TUE não se referir expressamente à competência do Tribunal de Justiça da União Europeia em matéria de direitos fundamentais, a mesma decorre da função atribuída a este órgão de garantia do «respeito do direito na interpretação e aplicação dos Tratados», prevista no n.° 1 do novo artigo 19.° do TUE, bem como do respectivo n.° 3, alínea c). A atribuição de carácter vinculativo à Carta de Direitos Fundamentais da União Europeia através do expresso reconhecimento, no artigo 6.°, n.° 1, do TUE, dos direitos, liberdades e princípios nela enunciados e, sobretudo, de que a Carta «tem o mesmo valor jurídico que os Tratados», integra inequivocamente a Carta no âmbito material dos Tratados ficando assim sujeita ao controlo normal do TJUE cuja intervenção reveste uma importância acrescida nesta matéria. A inclusão, ainda que de modo indirecto, da Carta dos Direitos Fundamentais da União Europeia no TUE efectuada pelo Tratado de Lisboa implica a extensão do âmbito *ratione materiae* do controlo contencioso do Tribunal de Justiça da União Europeia, apesar de algumas das disposições da Carta reproduzirem alguns preceitos já previstos no ex-Tratado da Comunidade Europeia e, nessa medida, serem já sindicáveis[79,80].

---

[78] Subsiste todavia a questão da articulação desse controlo com o regime especial de controlo limitado do TJ decorrente do novo artigo 269.° do TFUE, em matéria de processo por incumprimento *qualificado,* na medida em que o controlo da violação dos direitos fundamentais se enquadre no conceito de «respeito pelos direitos do Homem» previsto no art. 2.° do TUE, para o qual remete o artigo 7.° do mesmo Tratado.

[79] É o caso, nomeadamente, da maioria dos artigos relativos à cidadania europeia ou dos artigos 21.°, 41.°, n.° 2, c), e 42.° da CDFUE, sobre a não discriminação, a fundamentação dos actos comunitários ou o direito de acesso aos documentos dos órgãos da UE, correspondentes basicamente aos ex-artigos 12.° e 13.°, 253.° e 255.° do TCE.

[80] Também carece de clarificação a questão da competência contenciosa do TJUE em matéria de direitos fundamentais no quadro do regime de derrogação constante do Proto-

Em suma e pelas razões apontadas, o Tratado de Lisboa contribuiu para um alargamento significativo da competência *ratione materiae* do Tribunal de Justiça da União Europeia.

---

colo (N.º 30) relativo à aplicação da Carta dos Direitos Fundamentais da União Europeia à Polónia e ao Reino Unido), ou seja, em que medida tal regime se traduz numa limitação ao controlo jurisdicional pelo TJUE. Isto sem prejuízo de tais Estados – e também a República Checa – se encontrarem vinculados à protecção dos direitos fundamentais por via do disposto no artigo 6.º, n.º 3, do TUE, por via dos princípios gerais de direito e, nessa medida, sujeitos à jurisdição do TJUE em matéria de acção por incumprimento.

CONSTITUCIONALISMO EUROPEU E DIREITOS FUNDAMENTAIS APÓS O TRATADO DE LISBOA*

Ana Maria Guerra Martins
Professora Associada com Agregação
da Faculdade de Direito da Universidade de Lisboa
Juíza do Tribunal Constitucional

Sumário: 1. Objecto e indicação de sequência. 2. A Carta dos Direitos Fundamentais da União Europeia. 2.1. Enquadramento geral. 2.1.1. A génese da Carta. 2.1.2. Breve nota sobre o conteúdo da Carta. 2.2. A força jurídica da Carta. 2.2.1. Da ausência de força vinculativa... 2.2.2. ...À equiparação ao valor jurídico dos Tratados. 2.3. Os limites à equiparação da força vinculativa da Carta aos Tratados. 2.3.1. Os limites de atribuição de competências. 2.3.2. Os limites de interpretação. 2.3.2.1. Os limites endógenos. 2.3.2.2. Os limites exógenos. 2.3.3. O estatuto especial de alguns Estados-Membros em relação à Carta. 3. A adesão da União à Convenção Europeia dos Direitos do Homem. 3.1. Antecedentes. 3.2. A atribuição de poderes à União para aderir à CEDH. 4. Conclusão.

1. Objecto e indicação de sequência

O presente estudo tem a sua origem numa conferência proferida, em Março de 2010, no âmbito das Jornadas sobre o Tratado de Lisboa, organiza-

---

* As opiniões expressas neste texto são da exclusiva responsabilidade da Autora, não vinculando qualquer das instituições a que pertence.

das pelo Instituto de Ciências Jurídico-Políticas da Faculdade de Direito da Universidade de Lisboa, subordinada ao tema *"Constitucionalismo europeu e direitos fundamentais após o Tratado de Lisboa"*.

Não obstante o fracasso do Tratado que estabelece uma Constituição para a Europa (TECE)[1,2], devido aos referendos negativos em França e na Holanda, em Maio e Junho de 2005, respectivamente, ter posto seriamente em causa o carácter constitucional do seu sucessor – o Tratado de Lisboa (TL) –, a verdade é que ele não ficou irremediavelmente comprometido[3].

Se do ponto de vista político, o mandato da Conferência Intergovernamental (CIG)[4], anexo às conclusões do Conselho Europeu, de Junho de 2007, o qual estabeleceu a base exclusiva e os termos em que a CIG deveria desenvolver os seus trabalhos, assumiu expressamente que *"o TUE e o Tratado sobre o Funcionamento da União não terão carácter constitucional"*, pelo que *"esta mudança reflectir-se-á na terminologia utilizada em todos os textos dos Tratados"*[5], do ponto de vista jurídico, a ausência do termo Constituição e da terminologia constitucional não é decisiva[6]. Desde logo porque, apesar de os anteriores Tratados nunca terem usado essa termino-

---

[1] O Tratado que estabelece uma Constituição para a Europa está publicado no JOUE C 310, de 16 de Dezembro de 2004.

[2] Sobre as consequências deste fracasso, ver Neil Walker, "After *finalité*? The future of the European constitutional idea?", *in* Giuliano Amato / Hervé Bribosia / Bruno De Witte (eds.), *Genèse et Destinée de la Constitution Européenne*, Bruxelas, 2007, p. 1245 e ss; Jo Shaw, "What happens if the Constitutional Treaty is not ratified?", *in* Ingolf Pernice / Jiri Zemanek (eds.), *A Constitution for Europe: The IGC, the Ratification Process and Beyond*, Baden-Baden, 2005, p. 77 e ss; Stanislaw Biernat, "Ratification of the Constitutional Treaty and Procedures for the Case of Veto", *in* Ingolf Pernice / Jiri Zemanek (eds.), *A Constitution for Europe...*, p. 97 e ss; Jean-Claude Piris, *Le Traité Constitutionnel pour l'Europe: une analyse juridique*, Bruxelas, 2006, p. 248 e ss.

[3] Neste sentido, Koen Lenaerts, "De Rome à Lisbonne, La Constitution Européenne en Marche?", *CDE*, 2008, p. 230 e 232; Nicolas Moussis, "Le Traité de Lisbonne: une Constitution sans en avoir le titre", *RMCUE*, 2008, p. 161 e ss.

[4] Sobre este mandato ver, por todos, Maria José Rangel de Mesquita, "Sobre o mandato da Conferência Intergovernamental definido pelo Conselho Europeu de Bruxelas: é o Tratado de Lisboa um novo Tratado?", *in Estudos em Honra do Professor Doutor José de Oliveira Ascensão*, vol. I, Coimbra, p. 551 e ss.

[5] O texto do mandato encontra-se disponível no sítio da União Europeia. www.eu ropa.eu.int

[6] Neste sentido, Stefan Griller, "Is this a Constitution? Remarks on a Contested Concept", *in* Stefan Griller / Jacques Ziller, *The Lisbon Treaty, EU Constitutionalism without a Constitutional Treaty?*, Nova Iorque, 2008, p. p. 22 e 23.

logia, a doutrina e a jurisprudência do Tribunal de Justiça (TJ)[7] nunca se coibiram de sustentar o seu carácter constitucional[8].

Ora, surgindo a protecção dos direitos fundamentais, historicamente, ligada, de modo intrínseco, ao constitucionalismo moderno, a transferência de poderes dos Estados para a União Europeia não deve converter-se numa diminuição da protecção das pessoas.

Não obstante no início do processo de integração, se ter verificado alguma resistência ao reconhecimento dos direitos fundamentais por parte dos órgãos das Comunidades Europeias, designadamente do Tribunal de Justiça (TJ)[9], a partir dos finais da década de 60 tornou-se clara a insustentabilidade dessa posição, tendo o TJ admitido que as Comunidades deveriam assegurar o respeito dos direitos fundamentais consagrados nas tradições constitucionais comuns dos Estados-Membros[10] e no Direito Internacional dos Direitos Humanos[11], em especial na Convenção Europeia dos Direitos do Homem (CEDH)[12], como princípios gerais de Direito.

Essa jurisprudência foi sendo, sucessivamente, confirmada e desenvolvida pelo TJ, tendo os princípios nela consignados sido, *a posteriori*, introduzidos nos Tratados pela via das revisões.

O Tratado de Lisboa (TL)[13] insere-se pois num contexto de afirmação dos direitos fundamentais por parte da União Europeia, tendo prosseguido o caminho traçado pelos seus antecessores.

---

[7] Ver, entre outros, ac. de 23/4/86, *Os Verdes c. PE*, proc. 294/83, Col. 1986, p. 1339 e ss.

[8] Em anteriores trabalhos, defendemos o carácter constitucional à escala transnacional da União Europeia e dos Tratados que a instituem. Cfr. Ana Maria Guerra Martins, *A natureza jurídica da revisão do Tratado da União Europeia,* Lisboa, 2000, p. 303 e ss. *Idem, Curso de Direito Constitucional da União Europeia*, Coimbra, 2004, p. 119 e ss.

[9] Ac. de 4/2/59, *Stork*, proc. 1/58, Rec. 1958-59, p. 43 e ss e ac. de 15/7/60, *Comptoirs de vente de la Rhur*, procs. 36 a 38 e 40/59, Rec. 1960, p. 890.

[10] Ac. de 12/11/69, *Stauder*, proc. 29/69, Rec. 1969, p. 419 e ac. de 17/12/70, *Internationale Handelsgesellschaft*, proc. 11/70, Rec. 1970, p. 1125.

[11] Ac. de 14/5/74, *Nold*, proc. 4/73, Rec. 1974, p. 491.

[12] Ac. de 28/10/75, *Rutili*, proc. 36/75, Rec. 1975, p. 1219; ac. de 15/5/86, *Johnston*, proc. 222/84, Col. 1986, p. 1651 e ss; ac. de 13/12/79, *Hauer*, proc. 44/79, Rec. 1979, p. 2727 e ss.

[13] O Tratado de Lisboa modificou o TUE e o TCE, bem como o TCEEA (artigo 4.º, n.º 2). O texto do Tratado de Lisboa está publicado em JOUE C 306, de 17 de Dezembro de 2007, tendo sido as versões consolidadas do TUE e do TFUE publicadas no JOUE C 115 de 9/5/2008, rectificadas pela Acta de Rectificação do Tratado de Lisboa 2009/C 290/01, publicada no JOUE C-290, de 30/11/2009.

Em nosso entender, são, principalmente, duas as inovações que cumpre salientar:

a) a equiparação do valor jurídico da Carta dos Direitos Fundamentais da União Europeia (CDFUE)[14] ao dos Tratados operada pelo artigo 6.º, n.º 1, do Tratado da União Europeia (TUE);
b) a atribuição de competência à União Europeia para aderir à CEDH prevista no artigo 6.º, n.º 2, do TUE.

É indiscutível a centralidade destes dois temas para a problemática que nos ocupa neste estudo. Com efeito, a existência de um catálogo de direitos fundamentais da União Europeia equivalente ao dos seus Estados--Membros – e, em muitos casos, até mais amplo – bem como a assunção dos poderes necessários para aderir à CEDH, desde que preenchidos determinados pressupostos, contribuem, indubitavelmente, para o reforço da vertente constitucional da União Europeia.

Mas a verdade é que nesta área também se multiplicaram as cedências à soberania dos Estados e, consequentemente, ao intergovernamentalismo.

Eis o objecto da nossa reflexão no presente estudo.

Num primeiro momento, vamos debruçar-nos sobre a CDFUE, começando por um breve enquadramento geral que abarcará a sua génese e o seu conteúdo, devendo, em seguida, concentrar-nos na questão da força jurídica da Carta e nos limites que decorrem quer da própria Carta quer dos Tratados.

Num segundo momento, estudaremos a problemática da adesão da União Europeia à CEDH, destacando especialmente as dificuldades que rodeiam essa eventual adesão, bem como a forma como o TL as tenta antecipar, prevenir e ultrapassar.

A finalizar extrair-se-á uma sintética conclusão.

---

[14] A Carta foi solenemente proclamada pelos Presidentes do Parlamento Europeu, do Conselho e da Comissão, em Estrasburgo, em 12 de Dezembro de 2007, estando publicada no JOUE n.º C 303, de 14 de Dezembro de 2007.

2. A Carta dos Direitos Fundamentais da União Europeia

2.1. Enquadramento geral

2.1.1. A génese da Carta

Em simultâneo com a CIG 2000, na qual foi aprovado o Tratado de Nice, decorreu uma convenção, com a missão de negociar e aprovar uma carta de direitos fundamentais para a União Europeia.

A convocação dessa convenção surge na sequência de uma decisão do Conselho Europeu de Colónia, de 3 e 4 de Junho de 1999, tendo alguns meses mais tarde, o Conselho Europeu de Tampere, de 15 e 16 de Outubro de 1999[15], optado por criar um grupo, com representação das várias bases de legitimidade política[16] que deveria apresentar as suas conclusões ao Conselho Europeu. Esse grupo auto-denominou-se Convenção[17], fazendo lembrar a Convenção de Filadélfia que elaborou a Constituição norte-americana. Não se tratava, todavia, de uma assembleia constituinte, pois faltava-lhe, desde logo, a legitimidade democrática: nem os membros do Parlamento Europeu nem os membros dos parlamentos nacionais, que são eleitos por sufrágio directo e universal, se encontravam mandatados pelos seus eleitores para criarem uma carta de direitos fundamentais que se destinasse a servir de base a uma Constituição Europeia.

---

[15] As conclusões do Conselho Europeu de Tempere estão publicadas no Boletim da União Europeia n.º 10/1999.

[16] A convenção integrou representantes dos parlamentos nacionais, do Parlamento Europeu, dos Governos dos Estados-Membros, bem como da Comissão. Participaram ainda como observadores permanentes, o Conselho da Europa e o Tribunal de Justiça, com direito a usar da palavra. Além disso, verificou-se uma grande abertura à sociedade civil.

[17] Sobre a convenção como método de revisão dos Tratados institutivos da União Europeia, ver Ana Maria Guerra Martins, "O modelo de revisão na Constituição Europeia: em busca de uma terceira via?", in *Estudos em Honra de Ruy de Albuquerque*, Coimbra, 2006, p. 61 e ss; *idem*, "As Convenções de Filadélfia e de Bruxelas – convergências e divergências do processo de formação das Constituições americana e europeia", in Jorge Miranda *e. a.* (org.), *Estudos em Memória do Professor Doutor António Marques dos Santos*, vol. II, Coimbra, 2005, p. 13 e ss; *idem*, "Amendment of the Constitution – Procedural and Political Questions", in Ingolf Pernice / Jiri Zemanek (eds.), *A Constitution for Europe...*, p. 199 e ss, bem como toda a bibliografia citada nestes estudos.

Segundo o mandato do Conselho Europeu de Colónia, a Carta não visava criar direitos novos, mas sim tornar visíveis os direitos já existentes que constituíssem património comum dos europeus. Um dos principais objectivos da Carta foi, portanto, a segurança jurídica e a consequente protecção dos cidadãos. Não pretendendo ser inovatória, a Carta inspirou-se na CEDH, no que diz respeito aos direitos civis e políticos, nos próprios Tratados, em matéria dos direitos do cidadão, na Carta Comunitária de Direitos Sociais Fundamentais dos Trabalhadores de 1989 e na Carta Social Europeia de 1961, em relação aos direitos sociais.

Acrescente-se que a CDFUE pretendia constituir um forte impulso ao processo de constitucionalização da União Europeia, bem como consolidar um movimento de implicação dos indivíduos, isto é, dos seres humanos enquanto tais, no processo de integração europeia, o que é notório em vários considerandos do seu preâmbulo (a referência aos povos da Europa, a afirmação expressa de que a União coloca o ser humano no cerne da sua acção e a precisão de que as pessoas individualmente consideradas, assim como a comunidade humana e as gerações futuras adquirem responsabilidades e deveres, por força do gozo dos direitos enunciados na Carta.

Em suma, a elaboração da CDFUE pretendeu significar, na época, um avanço no sentido da constitucionalização da União.

2.1.2. Breve nota sobre o conteúdo da Carta

Na impossibilidade de levar a cabo, neste momento, um estudo aprofundado de todos e de cada um dos direitos enunciados na CDFUE, proceder--se-á somente a uma breve apresentação do conteúdo da Carta[18].

A CDFUE inicia-se com um preâmbulo seguido de sete títulos – Dignidade, Liberdade, Igualdade, Solidariedade, Cidadania, Justiça e Disposições Finais.

---

[18] Para um comentário desenvolvido dos vários preceitos da Carta, pode consultar-se Laurence Burgorgue-Larsen *e. al.*, *Traité établissant une Constitution pour l'Europe – Commentaire article par article, Parte II – La Charte des droits fondamentaux de l'Union*, tomo II, Bruxelas, 2005; Hans D. Jarass, *EU-Grundrechte*, Munique, 2005; Jürgen Meyer (org.), *Kommentar zur Charta der Grundrechte der Europäischen Union*, Baden-Baden, 2003; António Goucha Soares, *A Carta dos Direitos Fundamentais da União Europeia*, Coimbra, 2002; Rui Manuel Moura Ramos, "A Carta dos Direitos Fundamentais da União Europeia e a protecção dos Direitos Fundamentais", *Cuadernos Europeos de Deusto*, 2001, p. 161 e ss; AAVV, *Carta de Direitos Fundamentais da União Europeia*, Coimbra, 2001.

A inviolabilidade da dignidade do ser humano (artigo 1.º) é o pórtico de entrada para o sistema de direitos fundamentais consagrado na Carta. É a base de todos os outros direitos, incluindo os direitos à vida (artigo 2.º), à integridade física (artigo 3.º), a proibição da tortura e dos tratos ou penas desumanos ou degradantes (artigo 4.º) e a proibição da escravatura e do trabalho forçado (artigo 5.º).

O reconhecimento destes direitos na Carta foi alvo de um amplo consenso, uma vez que eles fazem parte de instrumentos internacionais, designadamente, da CEDH e do Pacto de Direitos Civis e Políticos das Nações Unidas, bem como das tradições constitucionais comuns aos Estados Membros.

O Título II inclui as liberdades clássicas, como é caso do direito à liberdade e à segurança (artigo 6.º), do respeito da vida privada e familiar (artigo 7.º), o direito de contrair casamento e de constituir família (artigo 9.º), da liberdade de pensamento, de consciência e religião (artigo 10.º), da liberdade de expressão e de informação (artigo 11.º), da liberdade de reunião e de associação (artigo 12.º) e a liberdade das artes e das ciências (artigo 13.º), a par de direitos sociais, como, por exemplo, a liberdade profissional e o direito ao trabalho (artigo 15.º) e o direito à educação (artigo 14.º) e de direitos económicos, como a liberdade de empresa (artigo 16.º) e o direito de propriedade (artigo 17.º) e de direitos de terceira geração, como o direito à protecção de dados pessoais (artigo 8.º). O direito de asilo (artigo 18.º) e a protecção em caso de afastamento, expulsão ou extradição (artigo 19.º) enquadram--se nos direitos dos estrangeiros de que a União deve assegurar o respeito.

A igualdade e a não discriminação, embora consagradas parcelarmente nos Tratados desde a sua versão originária, são, pela primeira vez, equacionadas num texto oficial com valor idêntico aos dos Tratados numa perspectiva global. Reconhece-se a igualdade perante a lei (artigo 20.º), a proibição da discriminação em função da nacionalidade (artigo 21.º, n.º 2) e a proibição da não discriminação em função de quinze categorias suspeitas, nas quais, entre outras, se incluem o sexo, a raça ou origem étnica, a religião ou crença, a deficiência, a idade e a orientação sexual. A igualdade entre homens e mulheres (artigo 23.º) foi sujeita a um tratamento específico.

A Carta reconhece ainda que certas categorias de pessoas possuem problemas particulares que necessitam de uma resposta especial. É o caso das crianças (artigo 24.º), das pessoas idosas (artigo 25.º) e das pessoas com deficiências (artigo 26.º). A inclusão do respeito da diversidade cultural, religiosa e linguística (artigo 22.º) no Título relativo à igualdade (Título III) tem como pressuposto que a concretização da diversidade cultural, religiosa e linguística deve efectuar-se, nomeadamente, através da não discriminação.

O Título IV relativo à solidariedade inclui a maior parte dos direitos sociais reconhecidos na CDFUE: o direito à informação e à consulta dos trabalhadores na empresa (artigo 27.°), o direito de negociação e de acção colectiva (artigo 28.°), o direito de acesso aos serviços de emprego (artigo 29.°), a protecção em caso de despedimento sem justa causa (artigo 30.°), as condições de trabalho justas e equitativas (artigo 31.°), a proibição do trabalho infantil e protecção dos jovens no trabalho (artigo 32.°), a protecção da vida familiar e da vida profissional (artigo 33.°), o direito à segurança social e à assistência social (artigo 34.°), a protecção da saúde (artigo 35.°), o acesso a serviços de interesse económico geral (artigo 36.°), e ainda os chamados direitos de terceira geração, como é o caso da protecção do ambiente (artigo 37.°) e da defesa do consumidor (artigo 38.°).

As normas relativas à cidadania previstas no Título V da CDFUE retomam, no essencial, as normas do Tratado da Comunidade Europeia (TCE) que sobre ela versavam. O estatuto do cidadão da União abrange o direito de eleger e ser eleito nas eleições para o Parlamento Europeu (artigo 39.°) e nas eleições municipais (artigo 40.°), o direito a uma boa administração (artigo 41.°), o direito de acesso aos documentos (artigo 42.°), o direito de petição ao Provedor de Justiça (artigo 43.°) e ao Parlamento Europeu (artigo 44.°), a liberdade de circulação e de permanência (artigo 45.°) e a protecção diplomática e consular (artigo 46.°).

É de sublinhar que, ao contrário do que se verificava no TCE, a liberdade de circulação e de permanência pode vir a abranger os nacionais de terceiros Estados legalmente residentes no território de um dos Estados-Membros da União (artigo 45.°, n.° 2).

Por último, em matéria de Justiça consagram-se o direito a acção judicial efectiva e a julgamento imparcial (artigo 47.°), a presunção da inocência e os direitos de defesa do arguido (artigo 48.°), os princípios da legalidade e da proporcionalidade dos delitos e das penas (artigo 49.°) e o direito a não ser julgado ou punido penalmente mais do que uma vez pelo mesmo delito (artigo 50.°), ou seja, direitos que integram a CEDH ou os seus protocolos.

O último capítulo da CDFUE estabelece as disposições gerais relativas ao âmbito de aplicação (artigo 51.°), ao âmbito e à interpretação dos direitos e dos princípios (artigo 52.°), ao nível de protecção (artigo 53.°) e à proibição do abuso de direito (artigo 54.°). Voltar-se-á a algumas destas disposições mais adiante.

2.2. A força jurídica da Carta

2.2.1. Da ausência de força vinculativa...

A CDFUE foi solenemente proclamada pela Comissão, pelo Parlamento Europeu e pelo Conselho e politicamente aprovada pelos Estados--Membros, no Conselho Europeu de Nice, em 7 de Dezembro de 2000.
Um dos principais objectivos da convenção que elaborou a Carta terá sido conferir-lhe carácter vinculativo, através da sua inserção no TUE. Porém, cedo se verificou a ausência do consenso necessário neste sentido.
Daí que o Tratado de Nice tenha incluído uma declaração, na qual se previa a convocação de uma CIG para 2004, com o objectivo de se debruçar, entre outras questões, sobre o estatuto jurídico da CDFUE.
Até à recente entrada em vigor do TL, a CDFUE não tinha força jurídica vinculativa, o que não impediu que as suas normas tivessem sido invocadas por certos actores institucionais, tais como a Comissão[19], os Advogados--Gerais do Tribunal de Justiça[20], o Tribunal de Primeira Instância[21], rebaptizado como Tribunal Geral pelo Tratado de Lisboa e, mais recentemente, o próprio Tribunal de Justiça[22].

---

[19] A Comissão por decisão interna, de 13 de Março de 2001, assumiu o compromisso de conduzir a sua actuação em conformidade com a Carta. Ver também Comunicação da Comissão sobre o respeito da Carta dos Direitos Fundamentais nas propostas legislativas da Comissão. Metodologia para um controlo sistemático e rigoroso (COM (2005) 172, final).

[20] Ver conclusões dos Advogados-Gerais Tizzano, de 8/2/2001, *BECTU*, proc. C-173/99, Col. 2001, p. I-4881, par. 27 e 28; Jacobs, de 22/3/2001, *Z./PE*, proc. C-270/99P, Col. 2001, p. I-9197, par. 40; Leger, de 10/7/2001, *Hautala*, proc. C-353/99P, Col. 2001, p. I- 9565, par. 82 e 83; Misho, de 20/09/2001, *Booker*, proc. C-20/00 e C-64/00, Col. 2003, p. I-7411, p. 26, Poiares Maduro, de 29/06/2004, *Nardone*, proc. C-181/03, Col. 2005, p. I-199; Kokott, de 8/9/2005, *PE c. Conselho*, proc. 540/03, Col. 2006, p. I-5769, par. 58.

[21] Ver Acórdão de 31/01/2002, *Max.mobil Telekommunikation Service*, Proc. T-54/99, paras. 48, 57; Acórdão de 15/2/2005, *Pyres / Comissão*, proc. T-256/01, Col. FP, p. FP-IA-23, para. 66.

[22] Ver ac. de 27/6/2006, *PE c. Conselho*, proc. C-540/03, Col. 2006, p. I-5769, par. 38; ac. de 11/12/2007, *International Transport Workers Federation / Viking Line*, proc. C-438/05, Col. 2007, p. I-10779; ac. de 18/12/2007, *Laval*, proc. C-435/06, Col. 2007, p. I-10141; ac. de 14/2/2008, *Dynamic Medien*, proc. C-244/06, Col. 2008, p. I-505, para. 44; ac. de 3/4/2008, *Dirk Ruffert*, proc. C-346/06, Col. 2008, p. I-1989. Sobre os acórdãos *Laval* e *Viking*, cfr. Franklin Dehouse, "Les Arrêts Laval et Viking de la Cour de Justice: Vers une protection sociale plus petite dans une Europe plus Grande", in *Mélanges en hommage à Georges Vandersanden*, Bruxelas, 2008, p. 489 e ss.

A problemática da vinculatividade da Carta foi amplamente discutida na Convenção sobre o Futuro da Europa, que precedeu e preparou a CIG 2004, tendo sido avançadas várias hpóteses de integração da Carta no TECE[23].

Assim, do Relatório Final do Grupo II (integração da Carta / Adesão à CEDH) constavam as seguintes opções:

"a) Inserção dos artigos da Carta no início do Tratado Constitucional, num Título ou Capítulo desse tratado; ou

b) Integração de uma referência adequada à Carta num artigo do Tratado Constitucional. Semelhante referência poderia conjugar-se com a transformação da Carta num anexo ou num apêndice ao Tratado Constitucional, quer como uma parte específica desse tratado que apenas contivesse a Carta, quer como texto jurídico independente (p. ex., sob a forma de protocolo). (...)".

A solução, que acabou por vingar, nessa época, foi a da integração do texto da Carta na Parte II[24,25] do TECE. A questão da força jurídica da

---

[23] Sobre a discussão deste assunto na doutrina, cfr., por exemplo, Bernardette Lebaut-Ferrarese / Michäel Karpenshif, "La «constitutionalisation» de la Charte: un acte fondamental pour l'Union européenne, *in* Christian Philip / Panayotis Soldatos, *La Convention sur l'avenir de l'Europe*, Bruxelas, 2004, p. 136 e ss; Emmanuelle Bribosia, "Les droits fondamentaux dans la Constitution de l'Union", *in* Marianne Dony / Emmanuelle Bribosia, *Commentaire de la Constitution de l'Union européenne*, Bruxelas, 2005, p. 117.

[24] O artigo I-9.°, n.° 1, do TECE estabelecia que *"a União reconhece os direitos, liberdades e os princípios enunciados na Carta dos Direitos Fundamentais que constitui a Parte II"*.

[25] Sobre a inclusão da Carta no TECE, ver Thomas Schmitz, «Die Grundrechtecharta als Teil der Verfassung der Europäischen Union», *EuR*, 2004, p. 691 e ss; Joël Rideau, «Le greffe de la Charte des droits fondamentaux sur le projet de Constitution européenne», *in* Olivier Beaud *et al.*, *L'Europe en voie de Constitution*, Bruxelas, 2004, p. 347 e ss; Bernadette Lebaut-Ferrarese / Michaël Karpenshif, «La «constitutionalisation», de la Charte:..., p. 125 e ss; Ana Maria Guerra Martins, *O Projecto de Constituição Europeia – Contributo para o debate sobre o futuro da União*, 2ª ed., Coimbra, 2004, p. 51 e ss; Dimitris N. Triantafyllou, *Le projet constitutionnel de la Convention européenne – Présentation crituque de ses choix clés*, Bruxelas, 2003, p. 56 e ss; Javier Roldán Barbero, «La Carta de Derechos Fundamentales de la UE: su estatuto constitucional», *Rev. Der. Com. Eur.*, 2003, p. 943 e ss; Fabienne Turpin, «L'intégration de la Charte des droits fondamentaux dans la Constitution européenne», *RTDE*, 2003, p. 615 e ss; S. Koukoulis-Spiliotopoulos, «Which Charter of Fundamental Rights was Incorporated in the Draft European Convention?», *ERPL*, 2003, p. 295 e ss; Andrew Williams, «EU Human Rights Policy and the Convention on the Future of Europe: a Failure of Design?», *ELR*, 2003,

Carta teria, pois, ficado definitivamente resolvida se aquele Tratado tivesse entrado em vigor, mas, como já se sabe, assim não sucedeu.

2.2.2. ...à equiparação ao valor jurídico dos Tratados

O TL não seguiu este entendimento, antes tendo reconhecido aos direitos, liberdades e princípios contidos na CDFUE valor jurídico idêntico aos dos Tratados (artigo 6.º, n.º 1, TUE).

Apesar de o texto da Carta não ter sido incluído nos Tratados, como acontecia no TECE, a equiparação do valor jurídico da CDFUE aos Tratados não pode, na óptica do constitucionalismo europeu, ser desvalorizada, na medida em que a diferença entre incluir e equiparar acaba por ser mais simbólica do que jurídica[26]. O que verdadeiramente importa é que a União passou a dispor de um catálogo de direitos fundamentais, o qual pode ser invocado nos Tribunais da União Europeia e nos tribunais nacionais, nos termos constantes do artigo 51.º, n.º 1, 1ª parte, CDFUE.

Pelo contrário, esta será, porventura, a alteração com maior impacto constitucional.

Note-se, todavia, que a consagração da força vinculativa da Carta só foi possível à custa de cedências (aliás, pouco compatíveis com a filosofia subjacente à protecção dos direitos fundamentais) a certos Estados-Membros.

2.3. Os limites à equiparação da força vinculativa da Carta aos Tratados

A equiparação da força jurídica da Carta aos Tratados institutivos não deve esconder uma outra realidade, isto é, as cautelas de que alguns Estados-Membros se rodearam em relação a essa equiparação, as quais se vão traduzir em limites de três tipos:
– os limites de atribuição;

---

p. 794 e ss; Cesare Pinelli, «Diritti fondamentali e riasseto istituzionale dell'Unione», *Dir. Pub.*, 2003, p. 817 e ss.

[26] Emmanuelle Bribosia, "Le traité de Lisbonne: un pas supplémentaire dans le processus de constitutionnalisation des droits fondamentaux", in Paul Magnette / Anne Weyembergh, *L'Union européenne: la fin d'une crise?*, Bruxelas, 2008, p. 187.

– os limites de interpretação (endógenos e exógenos);
– os limites de aplicação a certos Estados-Membros.

2.3.1. Os limites de atribuição de competências

Nos termos do artigo 6.º, n.º 1, TUE, "*de forma alguma, o disposto na Carta pode alargar as competências da União, tal como definidas nos Tratados*" (par. 2.º).

Ao contrário do que sucedia até à entrada em vigor do TL, actualmente o Tratado sobre o Funcionamento da União Europeia (TFUE) especifica as categorias de competências de que dispõe a União – competências exclusivas (artigo 2.º, n.º 1), partilhadas (artigo 2.º, n.º 2), de coordenação das políticas económicas e de emprego (artigo 2.º, n.º 3) e complementares (artigo 2.º, n.º 5) – bem como as matérias que se inserem em cada uma delas (artigos 3.º a 6.º)[27]. Acresce que a União dispõe somente das competências que os Estados-Membros lhe atribuem (artigo 5.º, n.º 2), explicitando o Tratado que as competências que não lhe sejam atribuídas pertencem aos Estados--Membros (artigo 4.º, n.º 1). A própria Carta corrobora este entendimento no artigo 51.º, n.º 1, 2.ª parte, *in fine*.

Em suma, são os Tratados que regem a repartição de atribuições entre a União e os seus Estados-Membros e não a Carta.

2.3.2. Os limites à interpretação

O par. 3.º do artigo 6.º, n.º 1, TUE acima mencionado estabelece que"*os direitos, as liberdades e os princípios consagrados na Carta devem ser interpretados de acordo com as disposições gerais constantes do Título VII (...) e tendo na devida conta as anotações a que a Carta faz referência, que indicam as fontes dessas disposições*". Ou seja, este preceito vincula o intérprete a dois tipos de limites:

(i) endógenos – as normas constantes dos artigos 51.º a 54.º da Carta;
(ii) exógenos – as anotações do *Praesidium*.

---

[27] Sobre as atribuições da União pós-Lisboa, ver, entre outros, Isabelle Bosse-Platière, "Traité de Lisbonne et clarification des compétences", *RMCUE*, 2008, p. 443 e ss; Patrizia de Pasquale, "Il riparto di competenze tra Unione europea e Stati membri", *Dir. Pubb. Comp. Eur.*, 2008, p. 60 e ss; Paul Craig, "The Treaty of Lisbon: Process, architecture and substance", *ELR*, 2008, p. 144 e ss.

2.3.2.1. Os limites endógenos

As disposições do Título VII da Carta que relevam, especialmente, para efeitos de interpretação são o artigo 52.º, n.ºs 3 a 7, e o artigo 53.º (o artigo 51.º e os restantes n.ºs do artigo 52.º referem-se, no essencial, à aplicação e não à interpretação). É de realçar que os n.ºs 4 a 7 do artigo 52.º foram introduzidos, na Carta, aquando da Convenção sobre o Futuro da Europa já mencionada.

Tendo em consideração que, no espaço territorial da União Europeia, concorrem três sistemas jurídicos de direitos fundamentais – a própria CDFUE, a CEDH e as tradições constitucionais comuns aos Estados--Membros – os n.ºs 3 e 4 do artigo 52.º regem a forma como se esses três sistemas se devem relacionar entre si.

O artigo 52.º, n.º 3, da Carta refere que sempre que os direitos contidos na CDFUE coincidam com os da CEDH, o seu sentido e alcance são idênticos. Segundo as anotações à Carta, este número do preceito visa garantir a coerência necessária entre a CEDH e a CDFUE. Por CEDH deve entender-se tanto a Convenção como os seus protocolos e ainda a jurisprudência do Tribunal Europeu dos Direitos do Homem (TEDH) que os aplica. Esta disposição não se opõe, todavia, a que o Direito da União confira uma maior protecção às pessoas. Ou seja, admite-se o tratamento mais favorável por parte da União Europeia.

O n.º 4 do artigo 52.º reproduz o seu n.º 3, mas em relação às tradições constitucionais comuns aos Estados-Membros, não salvaguardando, todavia, o Direito da União que consagre uma protecção mais ampla, o que pode vir a ter consequências a vários níveis, dos quais se destaca a afirmação do princípio do primado do Direito da União sobre o Direito dos Estados-Membros.

O n.º 5 do artigo 52.º da Carta vem estabelecer, *grosso modo*, que as normas que contenham princípios não podem ser invocadas em juízo, a menos que se trate de apreciar a interpretação e a legalidade dos actos (da União ou dos Estados-Membros) que as apliquem, sem, contudo, esclarecer quais são essas normas. Este preceito consagra a distinção entre direitos e princípios, a qual, embora tenha estado sempre subjacente às negociações da Carta, dela não constava expressamente.

A compreensão do significado e alcance desta distinção, para efeitos de interpretação da Carta, pressupõe o conhecimento dos trabalhos preparatórios. Uma das questões que se colocou na convenção que elaborou a Carta foi, precisamente, a de saber se o catálogo de direitos fundamentais deveria incluir apenas os direitos civis e políticos ou se também deveria abarcar os direitos sociais. As opiniões manifestadas quanto a este propósito foram muito divergentes, reflexo da diferente forma de encarar constitucionalmente os direitos sociais por parte dos diversos Estados-Membros. A par de sistemas constitucionais que se podem designar como minimalistas, como sejam os do Reino Unido, da Irlanda, da Áustria, da Alemanha e da Dinamarca, vigoravam ao tempo noutros Estados-Membros sistemas que se poderiam considerar maximalistas, como o da França, da Espanha ou de Portugal, situando-se a Bélgica, o Luxemburgo, a Grécia, a Suécia e a Finlândia numa zona intermédia[28]. Acresce ainda que os Estados, que então faziam parte da União, também não comungavam dos mesmos princípios em matéria de política social[29].

Assim, se no que diz respeito aos direitos civis e políticos, as principais discussões no seio da convenção se situaram ao nível da redacção dos preceitos, já no âmbito dos direitos sociais, as divergências estenderam-se à própria consagração destes direitos na Carta[30].

A inclusão dos direitos sociais na Carta deveu-se, essencialmente, aos franceses, apoiados pelos italianos, belgas, espanhóis e pela maioria dos alemães, com a oposição dos países nórdicos, da Holanda, da Irlanda e do Reino Unido, pois, sobretudo, estes últimos consideravam a afirmação constitucional dos direitos sociais como uma causa de rigidez e acreditavam mais na flexibilidade e na negociação entre parceiros sociais do que na legislação centralizada[31].

Perante estas dificuldades, as negociações na convenção partiram de um mínimo comum a todos os Estados-Membros, tendo posteriormente aditado

---

[28] Para um estudo comparativo dos direitos constitucionais nacionais no que toca aos direitos sociais, veja-se Constance Grewe, «Les droits sociaux constitutionnels: propos comparatifs à l'aube de la Charte des droits fondamentaux de l'Union européenne», *RUDH*, 2000, p. 85 e ss.

[29] Para maiores desenvolvimentos sobre estas questões, ver Oliver De Schutter, «La contribution de la Charte des droits fondamentaux de l'Union européenne à la garantie des droits sociaux dans l'ordre juridique communautaire», *RUDH*, 2000, p. 33 e ss.

[30] Sobre as dificuldades de inserção dos direitos sociais na Carta, ver Ana Maria Guerra Martins, «A Carta dos Direitos Fundamentais da União Europeia e os direitos sociais», *Direito e Justiça*, 2001, tomo 2, p. 213 e ss; Oliver De Schutter, «La contribution...», p. 41 e ss; Jacqueline Dutheil De La Rochère, «La Charte des droits fondamentaux de l'Union européenne: quelle valeur ajoutée, quel avenir?», *RMCUE*, 2000, p. 676 e ss.

[31] Neste sentido, Jacqueline Dutheil De La Rochère, «La Charte des droits fondamentaux...», p. 676 e ss.

outros direitos. Foi pois com todas estas reticências que os direitos sociais passaram a fazer parte da Carta. A maior parte deles, como já se referiu, encontra-se no Título IV (artigos 27.º e seguintes) e são direitos dos trabalhadores (artigos 27.º a 33.º) ou relacionados com o trabalho[32], mas, como também já tivemos oportunidade de sublinhar, podem encontrar-se direitos sociais noutros lugares[33].

Não obstante o acordo a que se chegou em 2000, as dificuldades quanto aos direitos sociais voltaram a surgir durante a Convenção sobre o Futuro da Europa, tendo sido invocadas, em especial pelas delegações parlamentar e governamental do Reino Unido. A necessidade de salvaguardar algumas especificidades nacionais e a possibilidade de vinculação directa e imediata aos direitos sociais previstos na parte II do TECE foram alguns dos aspectos mais controversos e que poderiam ter inviabilizado a inclusão da Carta no TECE. Com o intuito de acomodar as várias posições, acabou por se aditar o n.º 5 ao artigo 52.º.

Estava lançada a primeira pedra de uma distinção entre direitos e liberdades, por um lado, e princípios, por outro, distinção essa que até então apenas pairava no ar, não lhe sendo feita qualquer referência expressa na versão originária da Carta. Além disso, também não se instituíam regimes diferentes consoante o grupo de direitos que estivesse em causa, o que, naturalmente, não significava que todos possuíssem a mesma força jurídica. Pelo contrário, verificava-se que certos direitos não estavam dependentes de quaisquer condições, o que indiciava a sua aplicabilidade directa e imediata, enquanto que outros remetiam para as legislações e práticas nacionais, o que impedia essa qualificação e dificultava ou impossibilitava mesmo a sua invocação perante qualquer órgão jurisdicional.

---

[32] Sobre os direitos sociais consagrados na Carta, ver Ana Maria Guerra Martins, «A Carta dos Direitos Fundamentais...», p. 217 e ss; Emmanuelle Bribosia / Olivier De Schutter, "La Charte des droits fondamentaux de l'Union européenne», *JT*, 2001, p. 91 e ss; Lord Goldschmith Q.C., "A Charter of Rights, Freedoms and Principles", *CMLR*, 2001, p. 1212 e ss; Florence Benoît-Rohmer, "La Charte des droits fondamentaux de l'Union européenne", *Rec. Dalloz*, 2001, p. 1485 e ss; Oliver De Schutter, "La contribution...", p. 41 e ss; Jacqueline Dutheil De La Rochère, "La Charte...", p. 676 e ss.

[33] Note-se que também existem referências a direitos sociais nos capítulos relativos à liberdade – a liberdade sindical, incluindo o direito de constituir sindicatos (artigo 12.º), o direito de acesso à formação profissional e contínua (artigo 14.º, n.º 1), a liberdade profissional e o direito de trabalhar (artigo 15.º) e a liberdade de empresa (artigo 16.º) – e à igualdade – a igualdade entre homens e mulheres, designadamente, nos domínios do emprego, do trabalho e da remuneração (artigo 23.º, n.º 1).

O artigo 52.º, n.º 5, causa alguma perplexidade. Se o que se pretendeu foi excluir o efeito directo dos direitos sociais, teria sido mais simples – e mais claro – afirmá-lo expressamente. Se, pelo contrário, se visou excluir o efeito directo de todas as normas que remetiam para as legislações e para as práticas dos Estados-Membros ou que necessitavam de actos das instituições, órgãos e organismos da União para se poderem aplicar, então o preceito é pura e simplesmente inútil, uma vez que aquelas normas, à partida, dificilmente gozariam desse efeito.

Uma coisa é certa: este preceito prejudica a clareza e a transparência da Carta.

O artigo 52.º, n.º 6, vem corroborar que as legislações e práticas nacionais devem ser tidas em conta, tal como precisado na Carta. Esta disposição não traz nada de novo, somente confirma o que consta de diversos preceitos ao longo da Carta. A única razão que a explica é a "insistência obsessiva dos Estados-Membros"[34] em afirmarem as suas competências.

O artigo 53.º estabelece que as disposições da Carta não devem ser interpretadas no sentido de restringir ou lesar os direitos do Homem e as liberdades fundamentais reconhecidos pelo Direito Internacional e pelas convenções internacionais de que a União ou todos os Estados-Membros são partes, designadamente a CEDH. Segundo a anotação a este preceito, ele visa preservar o nível de protecção actualmente conferido pelas diversas Ordens Jurídicas no domínio dos direitos fundamentais – a da União Europeia, as dos Estados-Membros e a internacional.

2.3.2.2. Os limites exógenos

Nos termos do artigo 52.º, n.º 7, as anotações à Carta, inicialmente, elaboradas pelo *Praesidium* da primeira Convenção e, posteriormente, revistas e actualizadas pelo *Praesidium* da Convenção sobre o Futuro da Europa, destinam-se a orientar quer os órgãos jurisdicionais da União quer os dos Estados-Membros na interpretação da Carta.

Em nosso entender, não se trata de limitar os poderes do juiz na sua tarefa de interpretação da Carta, o que, de resto, seria incompatível com a independência da função jurisdicional e das magistraturas em geral que faz parte integrante das tradições constitucionais comuns aos Estados-Membros,

---

[34] A expressão é de Jacques Ziller, *Les nouveaux traités européens: Lisbonne et après*, Paris, 2008, p. 64.

mas antes tornar público qual o entendimento dos autores da Carta sobre os vários preceitos. A letra do preceito, aliás, aponta nesse sentido ao afirmar que o juiz deve ter na "devida conta". Ou seja, é ao juiz que cabe decidir qual a "devida conta" a conferir às anotações em cada caso concreto. Este preceito deve pois ser entendido no sentido de que, ao contrário do que normalmente sucede no Direito da União Europeia, em que a relevância do elemento histórico da interpretação é muito reduzida, o juiz, quando interpreta a Carta, tem a possibilidade de lhe dar mais relevância, se assim o entender.

2.3.3. *O estatuto especial de alguns Estados-Membros em relação à Carta*

O terceiro tipo de limites ao reconhecimento da equiparação do valor jurídico da Carta ao dos Tratados resulta do estatuto especial de que gozam alguns Estados relativamente à Carta, como é o caso da Polónia e do Reino Unido, estatuto esse que lhes é conferido pelo protocolo n.º 30[35], o qual é extensivo à República Checa, com base num acordo político entre este Estado e os restantes Estados-Membros, concluído sob a forma de um protocolo a integrar nos Tratados numa futura revisão dos mesmos. Este acordo constituiu *conditio sine qua non* de ratificação do TL por parte do Presidente checo.

O protocolo n.º 30 espelha bem a preocupação do Reino Unido e da Polónia relativamente à aplicação da Carta, especialmente no que se refere ao seu Título IV, mas acaba por se repercutir em toda a Carta. Senão vejamos:
O artigo 1.º, n.º 1, determina:

"A Carta não alarga a faculdade de o Tribunal de Justiça da União Europeia, ou de qualquer tribunal da Polónia ou do Reino Unido, de considerar que as

---

[35] Sobre este protocolo, ver Florence Benoit-Rohmer, "Valeurs et droits fondamentaux", *in* E. Brosset *et al.*, *Le Traité de Lisbonne – Reconfiguration ou déconstitutionnalisation de l'Union européenne?*, Bruxelas, 2009, p. 155 e ss; Silvère Lefèvre, "Le Royaume-Uni et la Charte des Droits Fondamentaux", *in* E. Brosset *et al.*, *Le Traité de Lisbonne...*, p. 165 e ss; Roberto Baratta, "Le principali novità del Trattato di Lisbona", *Dir. Un. Eur.*, 2008, p. 39 e ss; Michael Dougan, "The Treaty of Lisbon 2007: Winning Minds, Not Hearts", *CMLR*, 2008, p. 665 e ss; Aurélie Moriceau, "Le Traité de Lisbonne et la Charte des Droits Fondamentaux, *RMCUE*, 2008, p. 362 e ss; Franz C. Mayer, "Schutz vor der Grundrechte-Charta oder durch die Grundrechte-Charta? Anmerkungen zum europäischen Grundrechtsschutz nach dem Vertrag von Lissabon", *in* Ingolf Pernice (dir.), *Der Vertrag von Lissabon: Reform der EU ohne Verfassung? – Kolloquim zum 10. Geburtstag des WHI*, disponível no sítio www.ecln.net, p. 88.

leis, os regulamentos ou as disposições, práticas ou acções administrativas destes países são incompatíveis com os direitos, as liberdades e os princípios que nela são reafirmados".

Numa primeira leitura, poderia parecer que este preceito visa subtrair os actos legislativos, regulamentares e administrativos destes dois Estados--Membros ao controlo jurisdicional, quer dos Tribunais da União quer dos seus tribunais nacionais, para apreciação da sua compatibilidade com a Carta, com o consequente afastamento da jurisprudência firme e constante do TJ, a qual, desde a década de 80, afirma a competência do TJ para apreciar medidas estaduais de execução de actos de Direito Derivado[36] e medidas nacionais adoptadas em derrogação da proibição de restringir as quatro liberdades[37].

No entanto, assim não é. Uma maior ponderação permite uma interpretação mais "amiga" da Carta. Desde logo, o preâmbulo do referido protocolo afirma, peremptoriamente, o carácter vinculativo da Carta, quer na remissão que faz para o artigo 6.º TUE e na invocação das obrigações da Polónia e do Reino Unido por força do TUE e do TFUE e do Direito da União em geral, quer no desejo que estes dois Estados expressaram de clarificar alguns aspectos da aplicação da Carta. Ou seja, do preâmbulo resulta o carácter interpretativo do protocolo.

Além disso, o preâmbulo do protocolo corrobora a ideia de que a Carta reafirma os direitos, as liberdades e os princípios reconhecidos pelo Direito da União, conferindo-lhes maior visibilidade, pelo que o Reino Unido e a Polónia (e, por "arrastamento" a República Checa) admitem através desta afirmação que continuam vinculados por força do artigo 6.º, n.º 3, TUE.

Assim, o artigo 1.º do protocolo deve ser interpretado no sentido que se limita a determinar que a Carta não alarga a competência do TJ nem dos tribunais internos quanto à apreciação do Direito interno em relação aos direitos, liberdades e princípios consagrados na Carta, o que, de certo modo, revela a "insistência obsessiva" dos Estados-Membros de afirmação das suas competências, a que já aludimos.

---

[36] Acórdão de 25/11/86, *Klensch*, procs. 201 e 202/85, Col. 1986, p. 3477 e ss e acórdão de 13/7/89, *Wachauf*, proc. 5/88, Col. 1989, p. 2609 e ss.

[37] Acórdão de 18/6/91, *ERT*, proc. C-260/89, Col. 1991, p. I-2951 e ss.

O artigo 2.º do protocolo estabelece:

"*As disposições da Carta que façam referência às legislações e práticas nacionais só são aplicáveis à Polónia e ao Reino Unido, na medida em que os direitos ou princípios nela consignados sejam reconhecidos na legislação ou nas práticas desses países*".

Numa primeira análise, também este preceito poderia apontar no sentido restritivo de que a aplicação das disposições da Carta que façam referência às práticas e às legislações nacionais dependem de um acto interno de recepção na Polónia e no Reino Unido. Porém, assim não é. O preceito limita-se a retomar a ideia, constante de algumas disposições da Carta, segundo a qual o exercício dos direitos nelas consagrados necessita de implementação nacional, isto é, certos direitos não são directa e imediatamente aplicáveis.

Ainda que se dirijam primordialmente ao Título IV, os preceitos do protocolo atingem igualmente outras partes da Carta, na medida em que aí se consagrem princípios e não direitos e liberdades.

Em suma, este protocolo limita-se a clarificar o conteúdo da Carta, não se configurando como um verdadeiro *opt out*[38], idêntico a outros de que goza o Reino Unido, por exemplo, em matéria de união económica e monetária, acervo Schengen e espaço de liberdade, segurança e justiça.

Ora, se assim é, perguntar-se-á qual o interesse de fazer parte de um protocolo que afinal não constitui um *opt out*, mas antes se limita a confirmar o que já existe? Qual a razão que leva o Reino Unido, cujo governo tinha assinado o TECE, sem reservas, a colocar tantos entraves dois anos e meio depois?

A única explicação plausível é política. Para evitar o referendo, o governo britânico necessitava de, internamente, fazer passar a ideia de que o TL era diferente da Constituição Europeia e para isso necessitava de algo novo – o protocolo – que, aparentemente, o isentasse do cumprimento de algumas disposições. A verdade é que junto dos seus homólogos, o Reino

---

[38] Neste sentido, Sergio Dellavalle, "Constitutionalism beyond the Constitution – The Treaty of Lisbon in the Light of Post-National Public Law", *Jean Monnet Working Paper 03/09*, p. 21, disponível no sítio www.jeanmonnetprogram.org; Ingolf Pernice, "The Treaty of Lisbon and Fundamental Rights", *in* Stefan Griller / Jacques Ziller, *The Lisbon Treaty...*, p. 245 e ss.

Unido difundia a ideia de que o protocolo visava apenas interpretar a Carta e não criar um *opt out*[39].

Ainda que sejam estas as razões do protocolo, do ponto de vista do constitucionalismo, a solução a que se chegou não é a mais satisfatória e muito menos ideal, uma vez que não afasta liminarmente interpretações contrárias à que acabamos de enunciar[40]. Ou seja, permite defender a opinião de que o âmbito pessoal e material de aplicação da Carta se encontram limitados, sem qualquer justificação legítima, o que, na perspectiva da teoria dos direitos fundamentais, causa dificuldades, uma vez que não se podem admitir ataques ao princípio da universalidade nem limites no acesso à justiça dos nacionais da Polónia e do Reino Unido (artigo 1.º do protocolo), dado que tal se consubstanciaria numa violação grosseira do princípio da igualdade entre cidadãos da União, sem nenhuma justificação razoável.

Como melhor estudámos noutra sede[41], nem a Polónia nem o Reino Unido pretendiam atingir este resultado.

Apesar de todas estas vicissitudes, a solução consagrada no TL quanto ao estatuto jurídico da Carta não pode deixar de ser vista como um avanço no sentido da constitucionalização da União. Até à entrada em vigor do TL, o estatuto jurídico da Carta não passava de *soft law,* enquanto que actualmente, a Carta não só faz parte integrante do *hard law,* como as suas normas constituem parâmetro de referência e validade das outras normas do Direito da União, dado que a sua força jurídica é idêntica à dos Tratados institutivos da União.

Em conclusão, o TL, quando comparado com a versão anterior dos Tratados, a qual nem sequer referia a Carta, nem continha qualquer outro catálogo de direitos fundamentais, deve ser considerado como um avanço no sentido da constitucionalização da União[42].

---

[39] Ver Catherine Barnard, "The 'Opt-Out' for the UK and Poland from the Charter of Fundamental Rights: Triumph of Rhetoric over Reality?", *in* Stefan Griller / Jacques Ziller, *The Lisbon Treaty...*, p. 277.

[40] Ver Sergio Dellavalle, "Constitutionalism beyond the Constitution...", p. 20.

[41] Ana Maria Guerra Martins, *A igualdade e a não discriminação dos nacionais de Estados terceiros legalmente residentes na União Europeia – Da origem na integração económica ao fundamento na dignidade do ser humano,* Coimbra, 2010, p. 167 e ss.

[42] Neste sentido, Emmanuelle Bribosia, "Le traité de Lisbonne...", p. 198; Francisco Balaguer Callejón, "El tratado de Lisboa en el Diván. Una Reflexión sobre Estatalidad, Constitucionalidad y Unión Europea", *Rev. Esp. Der. Const.*, 2008, p. 88.

3. A adesão da União à Convenção Europeia dos Direitos do Homem

3.1. *Antecedentes*

Para além do estatuto jurídico da Carta, o TL traz uma outra novidade importante no domínio da protecção dos direitos fundamentais, na medida em que confere à União Europeia competência para aderir à CEDH.

Ora, a adesão das Comunidades (e mais tarde da União) à CEDH foi defendida por uma parte da doutrina e por alguns órgãos comunitários, desde os anos 70.

Um dos textos pioneiros, e mais importantes, nesta matéria foi o memorando da Comissão sobre a adesão das Comunidades Europeias à CEDH de 1979[43], onde se sublinhavam algumas vantagens da adesão das Comunidades à CEDH, tais como a vinculação da Comunidade por um instrumento internacional em matéria de direitos fundamentais, com a consequente sujeição a controlo idêntico ao dos seus Estados--Membros, a existência de um catálogo de direitos, que seria o fundamento jurídico das decisões do TJ, o que contribuiria para aumentar a certeza jurídica e a incorporação da CEDH na Ordem Jurídica comunitária.

Apesar das vantagens enunciadas, as Comunidades nunca aderiram à CEDH, uma vez que esta solução também apresenta dificuldades, por alguns consideradas intransponíveis, como sejam as relacionadas com problemas técnicos e institucionais, cujo principal é a concorrência de sistemas jurisdicionais distintos, que obedecem a princípios diferentes.

Tendo em conta as opiniões divergentes, quer ao nível da doutrina, quer ao nível dos governos dos Estados-Membros e dos próprios órgãos comunitários, a Presidência belga resolveu submeter a questão ao TJ, em 26/4/94, ao abrigo da competência consultiva que lhe conferia o antigo artigo 300.º TCE (actual artigo 218.º TFUE).

Através do parecer 2/94, de 28/3/96, o TJ considerou que a Comunidade não detinha competência para aderir à CEDH. Segundo o TJ, o então artigo 235.º TCEE (posterior artigo 308.º TCE e actual artigo 352.º TFUE) não seria uma base jurídica adequada, uma vez que a adesão à CEDH não se enquadra nos objectivos comunitários. Por conseguinte, no Direito da União Europeia estava assente, desde o referido parecer, que a adesão implicaria

---

[43] Publicado no Bul. CE, supl. n.º 2/79, p. 3 e ss.

uma prévia revisão do Tratado. Assim sendo, o consenso necessário dos Estados-Membros nesse sentido só se conseguiu obter na CIG 2004.

Com efeito, a adesão da União à CEDH voltou a inscrever-se na agenda europeia durante a Convenção sobre o Futuro da Europa, que preparou o projecto de Constituição Europeia entregue à CIG 2004, tendo o artigo I-9.°, n.° 2, do TECE determinado que *"a União adere à Convenção Europeia para a Protecção dos Direitos do Homem e das Liberdades Fundamentais. Essa adesão não altera as competências da União, tal como definidas na Constituição"*[44].

3.2. A atribuição de poderes à União para aderir à CEDH

Na esteira do TECE, o artigo 6.°, n.° 2, TUE determina que a União adere à CEDH e que essa adesão não altera as competências da União, tal como definidas nos Tratados.

Note-se que, de acordo com este preceito, a União Europeia adere à CEDH a dois importantes níveis: *(i)* substancial, aceitando um núcleo duro de direitos e liberdades e *(ii)* jurisdicional, reconhecendo a jurisdição do TEDH no domínio dos direitos fundamentais.

---

[44] Sobre a adesão da União à CEDH no TECE, ver, entre muitos outros, Gráinne De Búrca, "Fundamental Rights and Citizenship", *in* Bruno De Witte (ed.), *Ten Reflections on the Constitutional Treaty for Europe*, E. book publicado em Abril de 2003 pelo Robert Schuman Centre for Advanced Studies and European University Institute, San Domenico di Fiesole, p. 25 e ss; Rui Medeiros, "A Carta dos Direitos Fundamentais da União Europeia, a Convenção Europeia dos Direitos do Homem e o Estado português", *in Nos 25 anos da Constituição da República Portuguesa de 1976*, Lisboa, 2001, p. 7 e ss; Olivier De Schutter, "L'adhésion de l'Union européenne à la convention européenne des droits de l'homme comme element du débat sur l'avenir de l'Europe", *in* Marianne Dony / Emmanuelle Bribosia, *L'avenir du système juridictionnel de l'Union européenne*, Bruxelas, 2002, p. 205 e ss; Hans Christian Krüger / Jörg Polakiewicz, "Vorschläge für ein kohärentes System des Menschenrechtsschutztes in Europa", *EuGRZ*, 2001, p. 92 e ss; Françoise Tulkens / Johan Callewaert, "Le point de vue de la Cour Européenne des Droits de l'Homme, *in* Yves Carlier / Olivier De Schutter (dir.), *La Charte des droits fondamentaux de l'Union européenne – son apport à la protection des droits de l'Homme en Europe*, Bruxelas, 2002, p. 219 e ss; Vital Moreira, "A Carta e a adesão da União Europeia à Convenção Europeia dos Direitos do Homem (CEDH)", *in* AAVV, *Carta de Direitos Fundamentais da União Europeia*, Coimbra, 2001, p. 89 e ss; Florence Benoît-Rohmer, "L'adhésion de l'Union à la Convention européenne des droits de l'homme", *RUDH*, 2000, p. 57 e ss.

De um ponto de vista político, a adesão da União à CEDH significará a convergência europeia no domínio dos direitos fundamentais, bem como a partilha séria de valores em toda a Europa. Com efeito, a progressiva transformação da União numa entidade política, dotada de poder político, segundo o modelo do Estado, tornou evidente a necessidade de um controlo internacional dos direitos humanos.

Mas a adesão da União à CEDH levanta problemas tanto do lado da própria CEDH como do lado da União Europeia.

Com efeito, a CEDH apenas previa a adesão de Estados, pelo que os Estados-Membros tiveram de negociar com os restantes Estados partes na CEDH o protocolo n.º 14, em que subscreveram a modificação do artigo 59.º da Convenção, pois só assim será possível, no futuro, a adesão da União à CEDH. Note-se, contudo, que, nessa parte, o protocolo só entrou em vigor em 1/6/2010, devido às dificuldades que a Rússia levantou para o ratificar.

Do lado da União Europeia, as dificuldades associadas a essa adesão são inúmeras, o que tem levado alguma doutrina, de entre a qual destacamos, entre nós, FAUSTO DE QUADROS, a expressar sérias dúvidas quanto às vantagens desta adesão. Para este Autor, do ponto de vista substantivo, o catálogo de direitos da CEDH limita-se aos direitos civis e políticos, enquanto que o Direito da União abrange as três gerações de direitos (*vide*, a Carta) e, do ponto de vista jurisdicional, a adesão da União à CEDH significaria incluir no âmbito do Direito da União a necessidade de esgotamento dos meios de jurisdição internos (nacionais e da União), o que dificultaria o acesso ao TEDH[45]. No fundo, a adesão da União à CEDH acabaria por reverter num nivelamento por baixo da protecção.

Pensamos que estas objecções têm todo o sentido, só podendo vir a ser ultrapassadas pelo acordo de adesão da União à CEDH que vier a ser concluído.

Aliás, no Protocolo anexo ao TUE e ao TFUE relativo ao artigo 6.º, n.º 2, TUE (protocolo n.º 8), é mais do que evidente a apreensão da União quanto ao futuro relacionamento das três Ordens Jurídicas relevantes em matéria de direitos fundamentais – as tradições constitucionais comuns aos Estados-Membros, a Ordem Jurídica da CEDH e a Ordem Jurídica da União Europeia.

---

[45] Neste sentido, Fausto de Quadros, *Droit de l'Union européenne – Droit constitutionnel et administratif de l'Union europénne*, Bruxelas, 2008, p. 137 e ss.

Com efeito, não obstante os pontos de convergência entre a Ordem Jurídica da União e a da CEDH, também se encontram aspectos em que as divergências entre elas são visíveis, pelo que a União se rodeou de cautelas para não ser "sugada", por uma Ordem Jurídica "especializada" em direitos humanos.

Assim sendo, na óptica da União, o acordo de adesão deve, em primeiro lugar, preservar as características próprias da União e do seu Direito, com especial relevo para a consagração de regras específicas relativamente à participação da União nas instâncias de controlo da CEDH e a criação de mecanismos necessários para assegurar que os recursos interpostos sejam correctamente dirigidos contra os Estados-Membros ou contra a União (artigo 1.º do Protocolo). Em segundo lugar, o acordo deve assegurar que as atribuições e competências da União não sejam afectadas pela adesão à CEDH (artigo 6.º, n.º 2, TUE e artigo 2.º do Protocolo). Em terceiro lugar, a situação dos Estados-Membros não deve ser afectada, designadamente, no que diz respeito aos seus protocolos, às medidas tomadas pelos Estados-Membros em derrogação da CEDH e às reservas (artigo 2.º). Por último, a adesão à CEDH não deve afectar o artigo 344.º TFUE, o qual impõe aos Estados-Membros a obrigação de submeterem todos os diferendos relativos à interpretação ou aplicação dos Tratados a um modo de resolução nele previstos (artigo 3.º).

Enquanto a União não aderir à CEDH, nos termos do artigo 6.º, n.º 3, TUE, os direitos fundamentais nela reconhecidos serão aplicados no âmbito da Ordem Jurídica da União pela via dos princípios gerais, tal como sucedia até à entrada em vigor do TL, e ainda na medida em que seja acolhidos pela CDFUE.

Concluindo, o facto de o Tratado conferir poderes à União para aderir à CEDH não significa que essa adesão se venha a concretizar efectivamente.

4. Conclusão

Em síntese, a conclusão a extrair do presente estudo é a seguinte:
1. O TL transpôs para o domínio da protecção dos direitos fundamentais a ambivalente tendência das últimas revisões dos Tratados de projectar a União Europeia em dois sentidos aparentemente contraditórios e até incompatíveis entre si – o constitucionalismo e o intergovernamentalismo.

2. Por um lado, o TL introduz modificações que apontam no sentido constitucional, como sejam a equiparação do valor jurídico da CDFUE ao dos Tratados institutivos bem como a admissibilidade de adesão da União à CEDH. Por outro lado, proliferam os desvios, as excepções e os regimes especiais com o intuito de acomodar as pretensões dos diversos Estados-Membros e assim atingir o consenso necessário. É o caso das constantes remissões para as legislações e para as práticas nacionais, da imposição de certas regras de interpretação dos direitos reconhecidos na Carta, do valor conferido às anotações do *Praesidium* e, *last but not least,* do protocolo relativo à aplicação da Carta ao Reino Unido e à Polónia, bem como à República Checa, devido ao acordo político *supra* referido e, de certo modo, também do protocolo relativo à adesão da União à CEDH.
3. A fragilidade desta construção é, por demais, evidente, sendo até configuráveis casos extremos de inviabilização do constitucionalismo da União e de retorno ao intergovernamentalismo.
4. Ora, em matéria de direitos fundamentais esta ambivalência afigura--se particularmente negativa, dado que põe em causa a segurança e a certeza jurídicas e, por conseguinte, não assegura a protecção das pessoas em relação às normas e aos actos da União e dos seus Estados-Membros.

Lisboa, 20 de Junho de 2010

A UNIÃO ECONÓMICA E MONETÁRIA DEPOIS DO TRATADO DE LISBOA (OU, A TIMIDEZ MONETARISTA EM TEMPOS DE PANDEMIA FINANCEIRA)

Fernando Araújo
Professor Catedrático da Faculdade de Direito da Universidade de Lisboa

Sumário: 1. A Continuidade das Intenções. 2. Das Intenções à Prática. 3. A Resistência Keynesiana. 4. A Conspiração dos Ministros: o Eurogrupo. 5. A Crise Financeira e a «Rectificação Salva-Vidas». 6. Alerta de Pandemia. A *«Hot Zone»* Financeira. 7. As Bactérias na Placa de Petri. 8. Desconsiderando a Regra de «No Bailout». 9. A Redenção Monetarista? 10. Independência e «Regra de Taylor». 11. A Presidente Ideal do Banco Central Europeu: uma Proposta Modesta. 12. Problemas de Credibilidade numa União Monetária. 13. O «Salva-Vidas» Salva Vidas?

1. A Continuidade das Intenções

Partindo-se do princípio de que a União Europeia (UE) e a União Económica e Monetária (UEM) são meros instrumentos num esforço de integração económica e de harmonização e liberalização dos movimentos de capitais dentro desse espaço integrado, há que não dramatizar o impacto de meros eventos políticos sobre o quadro e a articulação recíproca desses instrumentos – pois a manutenção do intuito integrador a tudo sobrelevará, presume-se.

As tribulações do «Tratado de Lisboa» podem alimentar as páginas dos jornais e servir para o protagonismo de sensacionalistas e de políticos

– mas não é expectável que interfiram mais do que superficialmente na natureza das relações entre UE e UEM, na necessidade de cada uma delas para o pleno desenvolvimento da outra, nos requisitos estruturais que têm que estar verificados para que a integração monetária seja um facto, nas fragilidades inerentes à consumação histórica de projectos desta dimensão e desta ambição.

Claro está que, por erosão, a turbulência dos eventos políticos pode acabar por inflectir o rumo inicialmente traçado, a arquitectura prevista, os equilíbrios alcançados – mais a mais se vier a descobrir-se que essa turbulência é sintomática de constatações de inadaptação e de desejos de mudança, sempre expectáveis num espaço dominado por regimes democráticos estruturalmente presos a cadências político-eleitorais.

Por enquanto, o «Tratado de Lisboa» não pôs em crise, aparentemente, a intenção de que a UEM continue a ser, ao menos no papel, a mais ambiciosa e congruente aplicação da ortodoxia monetarista até hoje tentada[1].

O Tratado sobre o Funcionamento da União Europeia (TFUE) continua a estabelecer que a política monetária para os países da UEM é uma competência exclusiva da União (arts. 3.º, 1, c) e 127.º a 133.º); o que, se somado às soluções previstas nos arts. 119.º segs., e em especial se conjugado com a proibição de défices orçamentais excessivos (art. 126.º), significa que a política macroeconómica dos membros da UEM continuará a corresponder, com absoluto rigor conceptual, ao paradigma monetarista[2], em especial no

---

[1] Goodfriend, Marvin (2007), "How the World Achieved Consensus on Monetary Policy", *Journal of Economic Perspectives*, 21/4, 47-68, 56ss.; Issing, Otmar, Vitor Gaspar, Ignazio Angeloni & Oreste Tristani (2001), *Monetary Policy in the Euro Area: Strategy and Decision-Making at the European Central Bank*, Cambridge, Cambridge University Press; Jensen, Henrik (2002), "Targeting Nominal Income Growth or Inflation?", *American Economic Review*, 92/4, 928-956.

[2] Friedman, Milton (1956), *Studies in the Quantity Theory of Money*, Chicago, University of Chicago Press, 3-21; Friedman, Milton (1957), *A Theory of the Consumption Function*, Princeton NJ, Princeton University Press; Cagan, Phillip (1956), "The Monetary Dynamics of Hyperinflation", *in* Friedman, Milton (org.), *Studies in the Quantity Theory of Money*, Chicago, University of Chicago Press, 25-117; Anderson, Leonall & Jerry Jordan (1970), "Monetary and Fiscal Actions: A Test of Their Relative Importance in Economic Stabilization", *Federal Reserve Bank of St. Louis Monthly Review*, 52/4, 7-25; De Long, J. Bradford (2000), "The Triumph of Monetarism?", *Journal of Economic Perspectives*, 14/1, 83-94, 88-89.

que respeita à severa limitação dos instrumentos de política macroeconómica, ao menos daqueles que incidem sobre o lado da procura agregada:

1) os Estados praticamente descartaram a via da estabilização orçamental, em especial a via keynesiana do recurso ao défice para combater o hiato deflacionista, o «*recessionary gap*»[3] (claro que sempre poderá reconhecer-se que, no intervalo «não excessivo» do défice e da acumulação de dívida pública, ainda se abrigará uma margem «ricardiana», que permite uma dívida em equilíbrio, ou seja endividamento público cujo valor real corresponda ao valor presente – descontado – das futuras receitas públicas líquidas[4]);
2) os Estados abdicaram da via da estabilização monetária em favor de um Banco Central Europeu [BCE] (ou, provisoriamente e enquanto a UE não ingressa em pleno na UEM, em favor de um Eurossistema, o Sistema Europeu de Bancos Centrais [SEBC] liderado pelo BCE – arts. 282.º a 284.º do TFUE e Protocolo de 1992 Relativo ao SEBC e ao BCE);
3) o que combinadamente significa que, em boa congruência monetarista, se tem por prioridade quase exclusiva do esforço estabilizador o combate à inflação (a «estabilidade dos preços» que é referida no art. 282.º, 2 do TFUE e no art. 2.º do Protocolo de 1992 Relativo ao SEBC e ao BCE, subentendendo-se uma «taxa-alvo» na ordem dos 2%)[5], em claro detrimento do combate ao desemprego – pelas razões que se verão de seguida.

A «boa congruência» significa basicamente o abandono, por ascendente monetarista, da convicção, ainda dominante nos anos 70, de que o combate à inflação (na altura pairando persistentemente na zona dos «dois dígitos»

---

[3] Cfr. Araújo, Fernando (2005), *Introdução à Economia*, 3ª ed., Coimbra, Almedina, 656-657.

[4] Cochrane, John H. (1998), "A Frictionless Model of U.S. Inflation", *in* Bernanke, Ben S. & Julio J. Rotemberg (orgs.) (1998), *NBER Macroeconomics Annual 1998*, Cambridge MA, MIT Press, 323-384; Cochrane, John H. (2005), "Money as Stock", *Journal of Monetary Economics*, 52, 501-528; Cochrane, John H. (2007), "Inflation Determination with Taylor Rules: A Critical Review" (paper), 42-43; Sims, Christopher A. (1994), «A Simple Model for Study of the Determination of the Price Level and the Interaction of Monetary and Fiscal Policy», *Economic Theory*, 4/3, 381-399.

[5] Sauer, Stephan & Jan-Egbert Sturm (2003), "Using Taylor Rules to Understand ECB Monetary Policy" (paper), 4.

um pouco por todo o lado) envolveria uma elevadíssima «taxa de sacrifício» ou «custo de desinflação»[6], algo como uma contracção de 5% a 10% do PIB por cada abaixamento de 1% na taxa de inflação, no famoso palpite de Okun derivado da formulação inicial da «Curva de Phillips»[7]. As presidências de Paul Volker e de Alan Greenspan na Reserva Federal demonstraram amplamente a possibilidade[8] de se «domar» as taxas de inflação (na média mundial, de 14% nos anos 80 para 4% no século XXI, de 9% para 2% na média dos países industrializados) com baixas «taxas de sacrifício» (com a providencial ajuda, convém notar, da expansão da oferta agregada nos anos 90)[9].

---

[6] Edmond, Chris (2002), "Self-Insurance, Social Insurance, and the Optimum Quantity of Money", *American Economic Review*, 92/2, 141-147; Fischer, Stanley (1986), "Exchange Rate versus Money Targets in Disinflation", *in* Fischer, Stanley (org.) (1986), *Indexing, Inflation, and Economic Policy*, Cambridge MA, MIT Press, 247-269; Fischer, Stanley, Ratna Sahay & Carlos A. Végh (2002), "Modern Hyper- and High Inflations", *Journal of Economic Literature*, 40/3, 837-880, 865ss.; Gordon, Robert J. (1982), "Why Stopping Inflation May Be Costly: Evidence from Fourteen Historical Episodes", *in* Hall, Robert E. (org.) (1982), *Inflation: Causes and Effects*, Chicago, University of Chicago Press, 11-40; Primiceri, Giorgio E. (2005), "Why Inflation Rose and Fell: Policymakers' Beliefs and US Postwar Stabilization Policy" (paper); Zee, Howell H. (2000), "Welfare Cost of (Low) Inflation: A General Equilibrium Perspective", *FinanzArchiv*, 57/4, 376-393.

[7] Okun, Arthur M. (1978), "Efficient Disinflationary Policies", *American Economic Review*, 68/2, 348-352.

[8] A possibilidade somente, não querendo isto significar que a estabilização monetária tenha sido desde então um sucesso invariável – cfr. Sargent, Thomas J., Noah Williams & Tao Zha (2006), "Shocks and Government Beliefs: The Rise and Fall of American Inflation", *American Economic Review*, 96, 1193-1224, 1220ss.. Cfr. Bernanke, Ben S. & Ilian Mihov (1998), "Measuring Monetary Policy", *Quarterly Journal of Economics*, 113/3, 869-902; Blinder, Alan S. (1998), *Central Banking in Theory and Practice*, Cambridge MA, MIT Press; Clarida, Richard, Jordi Galí & Mark Gertler (2000), "Monetary Policy Rules and Macroeconomic Stability: Evidence and Some Theory", *Quarterly Journal of Economics*, 115/1, 147-180; Cogley, Timothy & Thomas J. Sargent (2005), "Drifts and Volatilities: Monetary Policies and Outcomes in the Post WW II US", *Review of Economic Dynamics*, 8/2, 262-302; Leeper, Eric M. & Tao Zha (2003), "Modest Policy Interventions", *Journal of Monetary Economics*, 50/8, 1673-1700; Lubik, Thomas A. & Frank Schorfheide (2004), "Testing for Indeterminacy: An Application to U.S. Monetary Policy", *American Economic Review*, 94/1, 190-217; Primiceri, Giorgio E. (2005), "Time Varying Structural Vector Autoregressions and Monetary Policy", *Review of Economic Studies*, 72/3, 821-852; Sims, Christopher A. & Tao Zha (2006), "Were There Regime Switches in U.S. Monetary Policy?", *American Economic Review*, 96, 54-81.

[9] Goodfriend, Marvin (2007), "How the World Achieved Consensus on Monetary Policy", *Journal of Economic Perspectives*, 21/4, 47-68, 47-48; Stock, James H. & Mark

Mas isso significa também que predomina a convicção de que é óptima uma política monetária que assegure a deflação, seguindo o argumento de Milton Friedman, depois abundantemente replicado e sustentado, de que a taxa de juro nominal deveria tender para o zero, forçando a queda do nível de preços conjuntamente com a da taxa real de juro[10] – do mesmo passo se sustentando que a velha convicção de que a deflação acarretaria a recessão é geralmente falsa[11], valendo possivelmente apenas como retrato da época da Grande Depressão, entre os anos de 1929 e 1934[12].

2. Das Intenções à Prática

Claro está que o quadro de objectivos iniciais para a Zona Euro suscita os maiores e mais melindrosos problemas de praticabilidade, de execução – bastando pensar-se nos extensíssimos esforços de «convergência», tanto «convergência *nominal*» como «convergência *real*», que precederam o estabelecimento da UEM e a entrada em vigor do Euro, e nas dúvidas que sempre permaneceram, e mais recentemente se reacenderam, quanto ao efectivo preenchimento de requisitos mínimos, por parte dos Estados aderentes, para que a UEM pudesse ter uma hipótese de funcionar – ou,

---

W. Watson (2003), "Has the Business Cycle Changed and Why?", in Gertler, Mark & Kenneth Rogoff (orgs.) (2003), *NBER Macroeconomics Annual 2002*, Cambridge MA, MIT Press, 159-218.

[10] Chari, Varadarajan V., Lawrence J. Christiano & Patrick J. Kehoe (1996), "Optimality of the Friedman Rule in Economies with Distorting Taxes", *Journal of Monetary Economics*, 37/2, 203-223; Cole, Harold L. & Narayana Kocherlakota (1998), "Zero Nominal Interest Rates: Why They're Good and How to Get Them", *Federal Reserve Bank of Minneapolis Quarterly Review*, 22/2, 2-10; Friedman, Milton (1969b), "The Optimum Quantity of Money", in Friedman, Milton (1969), *The Optimum Quantity of Money and Other Essays*, Chicago, Aldine, 1-50; Smith, Bruce D. (2002), "Monetary Policy, Banking Crises, and the Friedman Rule", *American Economic Review*, 92/2, 128-134.

[11] Bernanke, Ben S. & Kevin Carey (1996), "Nominal Wage Stickiness and Aggregate Supply in the Great Depression", *Quarterly Journal of Economics*, 111/3, 853-883.

[12] Atkeson, Andrew & Patrick J. Kehoe (2004), "Deflation and Depression: Is There an Empirical Link?", *American Economic Review*, 94/2, 99-103; Cole, Harold L. & Lee E. Ohanian (2001), "Reexamining the Contributions of Money and Banking Shocks to the U.S. Great Depression", in Bernanke, Ben S. & Kenneth Rogoff (orgs.) (2001), *NBER Macroeconomics Annual 2000*, Cambridge MA, MIT Press, 183-227.

melhor, de funcionar com um grau mínimo de correspondência ao figurino monetarista (basta recordarmos tudo o que acompanhou o Pacto de Estabilidade e Crescimento[13]).

Para sublinharmos a mais notória dissonância com os princípios, reconhecer-se-á que é difícil manter a disciplina de «regras de não-discricionariedade» como as exigidas pelo paradigma monetarista num espaço de predominância democrática, no qual os diversos governos gerem os ciclos politico-eleitorais com despesa pública causadora de uma crónica infracção dos limites convencionados à estabilização orçamental.

E claro está, também, que a severa restrição dos habituais instrumentos de estabilização keynesiana – que, insista-se, prometia fazer da UEM, e depois da própria UE, a primeira zona macroeconómica «livre de keynesianismo» no mundo[14] – não obsta à permanência de muitos outros instrumentos com directa ou indirecta repercussão nos valores macroeconómicos: os estabilizadores automáticos, as *«feedback rules»* de política monetária[15], a bateria de medidas *«supply-side»* que facilitaram a expansão mundial dos anos 90, a gestão de expectativas e a indução de confiança, as reformas estruturais de liberalização de movimentos de capitais no seio da UEM e nas relações desta com países terceiros.

Em suma, ficou a faltar uma concretização convincente da opinião, cada vez mais expansiva no seio da própria Macroeconomia, de que já

---

[13] Carlberg, Michael (2000), *Economic Policy in a Monetary Union*, Heidelberg, Springer; Dworak, Maria, Franz Wirl, Alexia Prskawetz & Gustav Feichtinger (2002), "Optimal Long-Run Budgetary Policies Subject to the Maastricht Criteria or a Stability Pact", *Macroeconomic Dynamics*, 6/5, 665-686; Eijffinger, Sylvester C.W. & Jakob De Haan (2000), *European Monetary and Fiscal Policy*, Oxford, Oxford University Press; Svensson, Lars E.O. (1997), "Inflation Forecast Targeting: Implementing and Monitoring Inflation Targets", *European Economic Review*, 41/6, 1111-1146; Svensson, Lars E.O. (1999), "Inflation Targeting as a Monetary Policy Rule", *Journal of Monetary Economics*, 43/3, 607-654; Svensson, Lars E.O. (1999), "Monetary Policy Issues for the Eurosystem", *Carnegie-Rochester Conference Series on Public Policy*, 51/1, 79-136; Svensson, Lars E.O. (2000), "The First Year of the Eurosystem: Inflation Targeting or Not?", *American Economic Review*, 90/2, 95-99, 95-96.

[14] Sauer, Stephan & Jan-Egbert Sturm (2003), "Using Taylor Rules to Understand ECB Monetary Policy" (paper), 2.

[15] Clarida, Richard, Jordi Galí & Mark Gertler (1998b), "Monetary Policy Rules in Practice: Some International Evidence", *European Economic Review*, 42, 1033-1067; Svensson, Lars E.O. (1999), "Inflation Targeting: Some Extensions", *Scandinavian Journal of Economics*, 101/3, 337-361.

são ínfimos os ganhos que podem resultar da gestão de curto prazo da procura agregada e da despesa, e que por isso a política orçamental só se justifica em restritíssimos termos estruturais e de «*supply-side*», como geradora de incentivos à produtividade e à poupança[16] – acrescida da ideia de que, se os ciclos são meras respostas a choques imprevistos, então nada é necessário estabilizar, visto que as crises podem vir a revelar-se elas próprias como as respostas mais eficientes, mais adaptativas, àqueles «choques»[17].

3. A Resistência Keynesiana

A UEM era (e continua a ser) a primeira iniciativa de larga escala que se propôs tomar partido pelas «*rules*» no debate «*Rules vs. Discretion*», pelo controle dos valores de P à maneira monetarista (para voltarmos à «equação de Fischer») em detrimento da promoção dos valores de Y, à maneira keynesiana[18]. O conjunto dos compromissos explícitos em que assentou a formação da Zona Euro só faz sentido se se constatar que há ali um corolário das ideias de «Curva de Phillips aumentada pelas expectativas»[19], de «taxa natural de desemprego»[20], de estabilização permanente por tutela das «expectativas racionais» (e consequente irrelevância de subsequentes

---

[16] Lucas Jr., Robert E. (2003), "Macroeconomic Priorities", *American Economic Review*, 93/1, 1-14, 1.

[17] Lucas Jr., Robert E. (2003), "Macroeconomic Priorities", *American Economic Review*, 93/1, 1-14, 11.

[18] Taylor, John B. (1989), "The Evolution of Ideas in Macroeconomics", *Economic Record*, 65/189, 185-189; Taylor, John B. (1999), "A Historical Analysis of Monetary Policy Rules", in Taylor, John B. (org.) (1999), *Monetary Policy Rules*, Chicago, University of Chicago Press, 319-341; Asso, Pier Francesco, George A. Kahn & Robert Leeson (2007), "The Taylor Rule and the Transformation of Monetary Policy" (paper), 5ss..

[19] Ball, Laurence & N. Gregory Mankiw (1995), "Relative-Price Changes as Aggregate Supply Shocks", *Quarterly Journal of Economics*, 110, 161-193; Phillips, A.W.H. (2000), *A.W.H. Phillips: Collected Writings in Contemporary Perspective* (R. Leeson, ed.), Cambridge, Cambridge University Press, 201ss., 218ss., 259ss., 261ss.; Thomas Jr., Lloyd B. (1999), "Survey Measures of Expected U.S. Inflation", *Journal of Economic Perspectives*, 13/4, 125-144.

[20] Galí, Jordi & Mark Gertler (2007), "Macroeconomic Modeling for Monetary Policy Evaluation", *Journal of Economic Perspectives*, 21/4, 25-45, 26.

estabilizações discricionárias[21]), de «Regra de Friedman» sobre crescimento da massa monetária[22], de explicitação de taxas-alvo de inflação[23,24].

---

[21] Christiano, Lawrence J., Martin S. Eichenbaum & Charles L. Evans (2005), «Nominal Rigidities and the Dynamic Effects of a Shock to Monetary Policy», *Journal of Political Economy*, 113/1, 1-45; Sargent, Thomas J. & Neil Wallace (1975), "«Rational» Expectations, the Optimal Monetary Instrument and the Optimal Money Supply Rule", *Journal of Political Economy*, 83/2, 241-254; Smets, Frank & Raf Wouters (2003), «An Estimated Dynamic Stochastic General Equilibrium Model of the Euro Area», *Journal of the European Economic Association*, 1/5, 1123-1175; Smets, Frank & Raf Wouters (2007), "Shocks and Frictions in U.S. Business Cycles: A Bayesian DSGE Approach", *American Economic Review*, 97, 586-606.

[22] Friedman, Milton (1969b), "The Optimum Quantity of Money", in Friedman, Milton (1969), *The Optimum Quantity of Money and Other Essays*, Chicago, Aldine, 1-50.

[23] Phelps, Edmund S. & John B. Taylor (1977), "Stabilizing Powers of Monetary Policy under Rational Expectations", *Journal of Political Economy*, 85/1, 163-190; Fischer, Stanley (1977), "Long-Term Contracts, Rational Expectations and the Optimal Money Supply Rule", *Journal of Political Economy*, 85/1, 191-206. Cfr. Asso, Pier Francesco, George A. Kahn & Robert Leeson (2007), "The Taylor Rule and the Transformation of Monetary Policy" (paper), 15-16; Bernanke, Ben S. & Mark Gertler (2001), "Should Central Banks Respond to Movements in Asset Prices?", *American Economic Review*, 91/2, 253-257; Bernanke, Ben S. & Mark Gertler (1999), "Monetary Policy and Asset Volatility", *Federal Reserve Bank of Kansas City Economic Review*, 84/4, 17-52; Bernanke, Ben S. & Frederic S. Mishkin (1997), "Inflation Targeting: A New Framework for Monetary Policy?", *Journal of Economic Perspectives*, 11/2, 97-116; Corbo, Vittorio, Oscar Landerretche & D. Klaus Schmidt-Hebbel (2001), "Assessing Inflation Targeting after a Decade of World Experience", *International Journal of Finance and Economics*, 6/4, 343-368; Jensen, Henrik (2002), "Targeting Nominal Income Growth or Inflation?", *American Economic Review*, 92/4, 928-956, 929-930; Rotemberg, Julio J. & Michael Woodford (1997), "An Optimization-Based Econometric Framework for the Evaluation of Monetary Policy", in Bernanke, Ben S. & Julio J. Rotemberg (orgs.) (1997), *NBER Macroeconomics Annual 1997*, Cambridge MA, MIT Press, 297-346; Svensson, Lars E.O. (1999), "Optimal Monetary Policy Inertia" (paper).

[24] Mais do que a tensão entre regras e discricionariedade, pode dizer-se que existem duas versões antitéticas sobre o que é uma boa política monetária: para uns, o que conta é a formação de um standard monetário, uma base com a qual possa garantir-se um valor estável para uma moeda dentro de um determinado horizonte temporal; para outros, o ideal é a estabilização monetária, implicando isso que haja sensibilidade e capacidade de reacção aos contextos emergentes e variáveis, em especial face às distorções provocadas pela rigidez ou viscosidade de rendimentos e preços. É face a isto que muita da evolução mais proeminente na teoria monetária (Friedman, Phelp, Lucas) incidiu na demonstração de que a tensão entre inflação e desemprego, e portanto também a própria relevância *real* da política monetária, dependia crucialmente das expectativas de inflação. A primeira viragem teórica operou-se sobre a Curva de Phillips: se é convicção dominante que a inflação regressará rapida-

Insistamos que, por enquanto, o «Tratado de Lisboa» não pôs aparentemente em crise a intenção monetarista da UEM. E no entanto alguns factos preocupantes perfilam-se no horizonte – não porque seja em si preocupante a alternativa ao monetarismo, ou mais especificamente porque um «regresso ao keynesianismo» e à gestão *«go-stop»* dos agregados monetários[25], mesmo que pudesse fazer-se sem equívocos, represente qualquer tipo de retrocesso («progresso» e «retrocesso» são, de resto, duas categorias pragmaticamente desinteressantes).

O que há de preocupante é a possibilidade de que sucessivas reformas do quadro normativo e institucional, normalmente dominadas por imperativos de compromisso numa «babel de soberanias» tão entusiásticas na retórica centrípeta como refractárias a quaisquer concessões práticas nesse sentido, acabe redundando num sincretismo de soluções incongruentes: um *«potpourri»* de regras anti-discricionárias e de concessões à discricionariedade da «estabilização fina» das variáveis conjunturais, de monetarismo para disciplinar as economias no momento de «choques exógenos», misturado com keynesianismo a autorizar todo o tipo de indisciplina de auto-perpetuação clientelar e de reacção desordenada a hiatos deflacionistas (como se viu com a recessão na Zona Euro a partir do 3.º trimestre de 2008), de tutela de expectativas minimalistas combinada com o maximalismo intervencionista.

Nada que surpreenda: esse aparente sincretismo prático não deixa de ser reflexo de uma indefinição teórica (ou será uma aporia?) posterior ao vazio gerado pelo colapso da inércia keynesiana às mãos de Lucas e Sargent[26], um vazio ocupado por visões divergentes e conflituantes – por um lado os neokeynesianos, fortalecidos pela consolidação de micro-alicerces mas ainda presos dos pressupostos analíticos do «cânone» e por isso propensos a

---

mente à sua tendência de longo prazo, e se por isso todos os solavancos não perturbarem as expectativas sobre a evolução futura dessa tendência, a tensão entre inflação e desemprego no curto prazo é muito menos pronunciada, e isso abre a porta para a influência de curto prazo da política monetária sobre o PIB *real*. Cfr. Woodford, Michael (2007), "The Case for Forecast Targeting as a Monetary Policy Strategy", *Journal of Economic Perspectives*, 21/4, 3-24, 4-5.

[25] Goodfriend, Marvin (2007), "How the World Achieved Consensus on Monetary Policy", *Journal of Economic Perspectives*, 21/4, 47-68, 48-49.

[26] Lucas Jr., Robert E. (1976), "Econometric Policy Evaluation: A Critique", *Carnegie-Rochester Conference Series on Public Policy*, 1, 19-46; Sargent, Thomas J. (1981), "Interpreting Economic Time Series", *Journal of Political Economy*, 89/2, 213-248; Sims, Christopher A. (1980), "Macroeconomics and Reality", *Econometrica*, 48/1, 1-48.

uma abordagem «*top-down*» e paternalista[27]; por outro lado os teóricos das «expectativas racionais» e os cultores da «teoria do ciclo *real*», procurando reconstruir os fundamentos da Macroeconomia a partir de pressupostos optimizadores centrados na conduta individual – e por isso uma abordagem «*bottom-up*» e tendencialmente libertária – ainda que demasiado indiferente às «fricções» do mundo real, às ilusões *nominais* (e à rigidez correspondente), e às implicações do paradigma da concorrência monopolística[28].

4. A Conspiração dos Ministros: o Eurogrupo

Especifiquemos a parte politico-prática: por um lado, uma parte importante do esforço negocial conducente ao «Tratado de Lisboa» concentrou-se na introdução de formas expeditas de decisão no seio da UE e da UEM, dando importantes passos na assunção das implicações de uma integração política mais profunda, como as respeitantes à generalização da regra maioritária nas decisões (arts. 238.º e 239.º do TFUE). Só que, por outro lado, essa maior agilidade nos processos de decisão facilita a interferência política em todos os recantos institucionais, mesmo naqueles em que, em atenção a princípios fundamentais, precisamente se deveria continuar a tentar o bloqueio dessa interferência política.

Ora é precisamente esse conjunto de circunstâncias que torna preocupante o reforço do Eurogrupo (art. 137.º TFUE e Protocolo Relativo ao Eurogrupo), uma reunião «informal» de Ministros dos Estados-Membros da UEM que tem, entre outros objectivos, um – muito pouco velado – que consiste em servir de contrabalanço à independência do BCE, estabelecida no art. 130.º do TFUE e do art. 7.º do Protocolo Relativo ao SEBC e ao BCE (e daí que o Protocolo Relativo ao Eurogrupo preveja até a eleição de

---

[27] Mankiw, N. Gregory & David Romer (orgs.) (1991), *New Keynesian Economics*, 2 vols., Cambridge MA, MIT Press.

[28] Dixit, Avinash K. & Joseph Stiglitz (1977), "Monopolistic Competition and Optimum Product Diversity", *American Economic Review*, 67/3, 297-308; Dotsey, Michael, Robert G. King & Alexander L. Wolman (1999), "State Dependent Pricing and the General Equilibrium Dynamics of Money and Output", *Quarterly Journal of Economics*, 114/2, 655-690; Golosov, Mikhail & Robert E. Lucas Jr. (2007), "Menu Costs and Phillips Curves", *Journal of Political Economy*, 115/2, 171-199; Prescott, Edward C. (1986), "Theory Ahead of Measurement", *Federal Reserve Bank of Minneapolis Quarterly Review*, 9-22.

um Presidente, decerto para protagonizar com mais eficiência e coordenação ainda essa função anti-monetarista).

Alegou-se mesmo que o Eurogrupo poderia servir para conferir ao BCE o protagonismo político que alegadamente lhe faltaria – uma afirmação sumamente reveladora, já que, de acordo com o entendimento monetarista, o maior protagonismo político adviria ao BCE do facto de precisamente não assumir protagonismo nenhum, e se manter apegado às suas regras de actuação, o melhor garante da efectiva estabilização da moeda comum (e uma afirmação que não se coaduna com a menorização do BCE face a esse mini-Conselho de Ministros das Finanças, para o qual o BCE será apenas «convidado», sem voto – nos termos do Protocolo Relativo ao Eurogrupo).

O frívolo sensacionalismo do «eurojornalismo» pode vibrar com os «conflitos de personalidades» entre os «dois Jean-Claudes», Juncker e Trichet, que protagonizaram, um do lado do Eurogrupo, outro do lado do BCE, essa tensão institucional. O caso é, convenhamos, muito mais preocupante: o Eurogrupo simboliza a falta de vontade política para que se concretize o alicerce mais crucial e simbólico do projecto monetarista, a independência efectiva do BCE face aos governos dos Estados-Membros da UEM. E insistamos neste ponto: o BCE não é o pioneiro no «*inflation targeting*» monetarista, galardão que cabe ao Banco Central neozelandês[29]; e também não é o mais paradigmático, distinção que cabe, naturalmente, à Reserva Federal dos EUA[30]; mas é decerto aquele que foi mais deliberadamente desenhado para funcionar com esse objectivo precípuo, sendo portanto o mais intencionalmente monetarista, o mais carecido de medidas de preservação de independência efectiva[31].

A recessão de 2008 veio tornar nítido o problema, o BCE procurando esboçar uma resistência às pressões políticas e manter-se apegado à sua «*feedback rule*» de estabelecimento de juros e de modulação de valores da

---

[29] Chari, Varadarajan V. & Patrick J. Kehoe (2006), "Modern Macroeconomics in Practice: How Theory Is Shaping Policy", *Journal of Economic Perspectives*, 20/4, 3-28, 14ss.; Truman, Edwin M. (2003), *Inflation Targeting in the World Economy*, Washington DC, Institute for International Economics.

[30] Taylor, John B. (1993), "Discretion versus Policy Rules in Practice", *Carnegie-Rochester Conference Series on Public Policy*, 39, 195-214.

[31] Chari, Varadarajan V. & Patrick J. Kehoe (2006), "Modern Macroeconomics in Practice: How Theory Is Shaping Policy", *Journal of Economic Perspectives*, 20/4, 3-28, 13-14.

inflação[32], os governos em pânico buscando pressionar a todo o custo um abrandamento da rigidez, senão mesmo o abandono das regras monetaristas, em favor de uma expansão monetária susceptível de alimentar o regresso às políticas deficitárias, ao menos até ao limite inultrapassável da «armadilha da liquidez»[33].

Como sucedera já em anteriores episódios de turbulência financeira (o colapso bolsista de 1987, a crise do endividamento da Rússia em 1998), a boa intenção monetarista cedia em 2008 perante a tentação «discricionária», mesmo sabendo-se da factura a pagar, nomeadamente a perda de independência e de credibilidade das autoridades monetárias, e a formação de «expectativas adaptativas» referidas à possibilidade de novos «lapsos discricionários», a serem oportunisticamente explorados[34]. Admitamos, recuando para o plano da pura teoria, que os modelos de «regras» têm alguma dificuldade para lidar com as flutuações nas variáveis reais, e por isso frequentemente se procura aditar-lhes *ad hoc* algumas variáveis relativas às viscosidades no emprego, como aquelas normalmente associadas à análise dos custos de busca e de «*matching*» no mercado dos factores[35], e ainda as complicações habitualmente associadas ao funcionamento dos mercados financeiros – até para poder determinar-se

---

[32] Alvarez, Fernando, Robert E. Lucas Jr. & Warren E. Weber (2001), "Recent Advances in Monetary-Policy Rules", *American Economic Review*, 91/2, 219-225; Taylor, John B. (1992), "The Great Inflation, the Great Disinflation, and Policies for Future Price Stability", in Blundell-Wignall, A. (org.) (1992), 9-31.

[33] Auerbach, Alan J. & Maurice Obstfeld (2004), "Monetary and Fiscal Remedies for Deflation", *American Economic Review*, 94/2, 71-75; Bernanke, Ben S. & Vincent R. Reinhart (2004), "Conducting Monetary Policy at Very Low Short-Term Interest Rates", *American Economic Review*, 94/2, 85-90; Brunner, Karl & Allan H. Meltzer (1973), "Mr. Hicks and the «Monetarists»", *Economica*, 40/157, 44-59; Eggertsson, Gauti B. & Michael Woodford (2003), "The Zero Bound on Interest Rates and Optimal Monetary Policy", *Brookings Papers on Economic Activity*, 1, 139-233; Svensson, Lars E.O. (2001), "The Zero Bound in an Open Economy: A Foolproof Way of Escaping from a Liquidity Trap", *Monetary and Economic Studies*, 19, 277-312; Tobin, James (1969), "A General Equilibrium Approach to Monetary Theory", *Journal of Money, Credit, and Banking*, 1/1, 15-29.

[34] Asso, Pier Francesco, George A. Kahn & Robert Leeson (2007), "The Taylor Rule and the Transformation of Monetary Policy" (paper), 34-35.

[35] Walsh, Carl E. (2005), "Labor Market Search, Sticky Prices, and Interest Rate Rules", *Review of Economic Dynamics*, 8/4, 829-849; Galí, Jordi & Mark Gertler (2007), "Macroeconomic Modeling for Monetary Policy Evaluation", *Journal of Economic Perspectives*, 21/4, 25-45, 43.

com maior rigor o sucesso da estabilização monetária no seu combate à turbulência financeira[36].

A situação repercute, por sua vez, sobre o próprio equilíbrio interno da UEM, e, por intermédio desta, sobre a UE como um todo. Os países com *superavit* orçamental, ou mais desafogados em termos de proporção da dívida pública sobre o valor do PIB, reconhecerão as virtudes da disciplina monetarista e sairão em defesa da independência do Banco Central; e o contrário sucederá com os países mais empenhados em políticas deficitárias ou mais onerados com um elevado quociente de dívida pública em relação ao valor do PIB.

5. A Crise Financeira e a «Rectificação Salva-Vidas»

Acresce que mais ou menos a mesma linha de clivagem separa as interpretações sobre as razões fundas que subjazem à recessão e à crise financeira que assinalam o final do primeiro decénio do século XXI, terreno fértil para recriminações e acusações mútuas: os países mais fragilizados tidos por vítimas da sua própria indisciplina, da sua incapacidade para aguentarem os termos básicos do jogo, para agirem com transparência contabilística e orçamental na enunciação dos seus objectivos e na comunicação dos seus resultados; os países mais fortes acusados de falta de solidariedade, de insensibilidade, de rigidez política. Não surpreende que os primeiros depositem no Eurogrupo a esperança numa «rectificação salva-vidas» das regras dominantes, e que os segundos se empenhem na preservação dessas regras, e através delas do projecto que a UEM inequivocamente consagrou.

Por sua vez, não deixa de ser irónico que se entreveja nessa clivagem ao mesmo tempo a) uma fé partilhada nas virtualidades do mercado – em especial as do mercado financeiro, em que todos os Estados confiaram irrestritamente, muito para lá, descobre-se agora, daquilo que uma sã prudência ditaria (o que por sua vez explica a sobrevivência da dita «economia de Casino» e dos seus protagonistas, em atenção aos serviços prestados) –,

---

[36] Bernanke, Ben S., Mark Gertler & Simon Gilchrist (1999), "The Financial Accelerator in a Quantitative Business Cycle Framework", *in* Taylor, John B. & Michael Woodford (orgs.) (1999), *Handbook of Macroeconomics – 1C*, Amsterdam, North-Holland, 1341-1393; Iacoviello, Matteo (2006), "House Prices, Borrowing Constraints and Monetary Policy in the Business Cycle", *American Economic Review*, 95/3, 739-764.

b) uma aversão assumida aos riscos inerentes – uma espécie de ressurreição neomercantilista que só aceita, do jogo do mercado, os resultados positivos, reclamando a «rectificação salva-vidas» mal o mercado exibe a sua outra face – e por fim c) uma demonização das próprias regras de jogo inicialmente aceites – como se elas tivessem sido, desde o início, armadilhas ardilosamente concebidas para a vitimização dos países mais frágeis –.

Na versão mais benigna, dir-se-á que o que se passa é que se aceitou o jogo mas não se aceitam agora os resultados, ou que só havia a predisposição para se aceitar um certo tipo de resultados.

Na versão menos benigna, nem sequer se chegou a aceitar realmente o jogo – que ficou viciado *ab initio* por essa reserva mental generalizada. Esta segunda versão ganhou livre curso após a crise financeira da Grécia: muitos países viram na UEM uma ocasião para o «*free-riding*» à custa de «locomotivas financeiras», e por isso ingressaram no «clube» e aí se mantiveram à custa da falsificação de objectivos e resultados, mormente os propalados objectivos de «convergência», rapidamente abandonados, e de contenção do défice e da acumulação da dívida pública, o pretexto para uma época de inigualada criatividade na desorçamentação e na redefinição contabilística.

A ser assim, o próprio projecto da moeda única estaria inquinado desde o início – sendo que muitos dos membros da UEM, já com as suas contas «maquilhadas» e complacentemente aceites pelos demais em nome de uma vontade política partilhada, souberam desde o início que estariam fora do seu alcance a verdadeira consolidação orçamental e a verdadeira disciplina monetarista, confiando sempre que, para salvar as aparências, o colectivo da UEM interviria para sustentar aquilo que materialmente se iria tornando numa «União de Endividamento(s)».

Não sejamos ingénuos: o projecto político da UEM e da adopção da moeda única foi precedido de um extenso debate sobre as vantagens, mas também os riscos, das «zonas monetárias óptimas», e de um outro debate, mais longo ainda, sobre os ganhos, mas também sobre os custos e constrangimentos, e mais ainda sobre os pressupostos e subentendidos, da opção pelo paradigma monetarista, do abandono da tradição (e da inércia) keynesiana e neokeynesiana (correspondendo ao declínio da visão keynesiana na macroeconomia[37]).

---

[37] Lucas Jr., Robert E. & Thomas J. Sargent (1979), "After Keynesian Macroeconomics", *in* AA.VV. (1979), *After the Phillips Curve. Persistence of High Inflation and High Unemployment*, Boston, Federal Reserve Bank of Boston, 49-72. Cfr. Akerlof, George

Os países que aderiram, e os que aderirem ainda, sabem que a UEM implica uma consonância de políticas económicas e monetárias entre os países membros, e muito particularmente o abandono de quaisquer veleidades de política monetária activa da parte de qualquer governo dos países-membros, em favor do exclusivo protagonismo de um BCE rigorosamente independente – ao menos porque a combinação de maior dependência recíproca adveniente da moeda comum e de maior risco de divergências entre economias reais desprovidas, entre elas, de «amortecedores cambiais», potenciava conflitos «hobbesianos» entre os Estados-membros. Um Estado que insista no que reste de uma política monetária unilateral laborará quixotescamente num atavismo, mas além disso estará a provocar ao efeitos directos não despiciendos nas economias dos demais Estados-membros, e através disso poderá estar a dar início a efeitos retaliatórios e a «colapsos de descoordenação». Cabe concluir-se que talvez se devesse ter carregado mais nas tonalidades hobbesianas de um «*pactum subjectionis*» à Autoridade Monetária única...

Os benefícios da adopção do novo paradigma monetarista pareciam por demais evidentes, e decerto se afiguraram, aos aderentes sinceros, sobrepujar amplamente os riscos do abandono da independência nacional em matéria de estabilização monetária. Esse abandono não se faria, nem se fez, sem amplos riscos políticos, avultando entre eles a impossibilidade de continuação do recurso ao «amortecedor» da desvalorização cambial para contrabalançar toda e qualquer divergência real entre economias, ou toda e qualquer tendência para o sobre-endividamento ou para a falta de competitividade. Doravante, a falta desse elemento «ajustador» deixa aos países uma única saída, e essa politicamente temível: combater a «crise» através da imposição de «medidas de austeridade», ou seja, através de uma contracção directamente imposta na procura agregada, nas suas variáveis «consumo» e «investimento», afectando sensivelmente o nível de vida dos cidadãos – o preciso oposto daquilo que o instinto dita a um governante imerso no ciclo político-eleitoral (talvez os demagogos que campeiam nas democracias europeias devessem ter pensado nisso, ao assumirem o compromisso de abandonarem o uso do «remédio suave» da desvalorização monetária...).

A. (2007), "The Missing Motivation in Macroeconomics", *American Economic Review*, 97, 5-36.

6. Alerta de Pandemia. A «*Hot Zone*» Financeira

De novo, não sejamos ingénuos: a ideia de que a crise na Zona Euro foi induzida por especuladores não resulta apenas de uma paranóia dos países mais afectados, antes corresponde a factos amplamente comprovados. Para sermos sugestivos, digamos que os predadores farejam, de forma implacável, todos os animais vulneráveis na selva da finança internacional – sem excepção, não mostrando maior medo ou respeito pelo facto de entre as vítimas potenciais se contarem entes soberanos. A partir sobretudo de 2008 não escapou à percepção do mercado, nem à dos supervisores dos mercados, que os bancos de investimento e os «*hedge funds*» se movimentavam «contra» o Euro, no sentido de que se expandiam os instrumentos de arbitragem e os produtos derivados assentes na aposta no declínio do Euro – e é sabido que, pese embora o carácter algo etéreo desses instrumentos derivados, avultando entre eles os «*credit default swaps*» (CDS), eles muitas vezes denotam com nitidez um propósito especulativo que, se generalizado, é capaz de induzir, por contágio e efeito de domínio, o próprio desfecho que se prevê / deseja / prossegue.

Observe-se, de passagem, que a própria volatilidade dos mercados financeiros e a forma como tenderam a contagiar o contexto da política monetária é, em larga medida, confirmação de um consenso «monetarista» que precedeu até a «crise lucasiana»[38] e o contributo de Taylor, um consenso assente nas ideias a) de que os preços apresentam tendências que dependem de expectativas (não necessariamente de expectativas especuladoras), b) de que a inflação disparará se, estando o desemprego abaixo da sua taxa natural, se tentar impelir o PIB – corrente ou esperado – para lá do PIB potencial (a ideia que subjaz ao conceito de «*non-accelerating inflation rate of unemployment*», NAIRU[39]), c) de que a inflação desce quando a

---

[38] Lucas Jr., Robert E. (1976), "Econometric Policy Evaluation: A Critique", *Carnegie-Rochester Conference Series on Public Policy*, 1, 19-46.

[39] Chiarini, Bruno & P. Piselli (2001), "Identification and Dimension of the NAIRU", *Economic Modelling*, 18/4, 585-611; Gordon, Robert J. (1998), "Foundations of the Goldilocks Economy: Supply Shocks and the Time-Varying NAIRU", *Brookings Papers on Economic Activity*, 2, 297-333; Hall, Robert E. (1979), "A Theory of the Natural Unemployment Rate and the Duration of Employment", *Journal of Monetary Economics*, 5/2, 153-170; Katz, Lawrence F. & Alan B. Krueger (1999), "The High-Pressure U.S. Labor Market of the 1990s.", *Brookings Papers on Economic Activity*, 1, 1-65; Pissarides, Christopher A. (1990), *Equilibrium Unemployment Theory*, Oxford, Basil Blackwell; Solow,

expectativa for a de que o PIB corrente venha a situar-se aquém do PIB potencial. Tudo por sua vez associado à ideia fulcral de que as expectativas é que tudo determinam – e que portanto há que estabilizá-las combatendo activamente a volatilidade[40], mais especificamente incutindo nos agentes económicos a convicção de que as intervenções de curto prazo, longe de serem avatares de obsoletas políticas «*go-stop*», são meras facetas de mais amplas manobras de estabilização de longo prazo[41]. Mostrando, em suma, firmeza e congruência diante do avanço da tempestade.

Regressando à patologia de curtíssimo prazo, lembremos que os contratos «derivados» (futuros, forwards, opções, *swaps*) emergem de instrumentos «derivados» para a transferência do risco de crédito, sendo que o qualificativo denota aqui que se trata de instrumentos cujo valor depende, «deriva», do valor (ou variação do valor) de instrumentos financeiros subjacentes, os activos «principais» ou «subjacentes», sendo que por isso em rigor os derivados não podem considerar-se investimentos, não constituindo eles próprios uma classe de activos, devendo antes entender-se que servem apenas para gerir o risco ou aumentar a rendibilidade daqueles activos subjacentes (ao reduzirem o risco para uma das partes numa relação bilateral).

Sublinhe-se que no «*hedging*» se trata da transferência de risco entre as partes, cada uma tomando a posição oposta quanto ao activo subjacente, sendo que no limite máximo de neutralização da ratio de «*hedging*» (o delta), o agente compra no mercado «*spot*» e imediatamente revende no mercado de futuros, o que por sua vez gera volatilidade de mercado, dado

---

Robert M. (1986), "Unemployment: Getting the Questions Right", *Economica*, 53/210, S23-S34; Stiglitz, Joseph E. (1997), "Reflections on the Natural Rate Hypothesis", *Journal of Economic Perspectives*, 11/1, 3-10. Cfr. ainda: Araújo, Fernando (2005), *Introdução à Economia*, 3ª ed., Coimbra, Almedina, Gráfico 23.3. Para as controvérsias em torno do conceito de NAIRU, cfr. Krueger, Alan B. & Robert Solow (orgs.) (2001), *The Roaring Nineties: Can Full Employment Be Sustained?*, New York, Russell Sage Foundation.

[40] Calvo, Guillermo A. (1983), "Staggered Prices in a Utility-Maximizing Framework", *Journal of Monetary Economics*, 12/3, 383-398; Friedman, Milton (1960), *A Program for Monetary Stability*, New York, Fordham University Press; Smith, Bruce D. (2002), "Monetary Policy, Banking Crises, and the Friedman Rule", *American Economic Review*, 92/2, 128-134.

[41] McCallum, Bennett T. (1981), "Price Level Determinacy with an Interest Rate Policy Rule and Rational Expectations", *Journal of Monetary Economics*, 8/3, 319-329; Taylor, John B. (1979), "Estimation and Control of a Macroeconomic Model with Rational Expectations", *Econometrica*, 47/5, 1267-1286.

que pequenas quantias podem, através dos derivados, controlar grandes quantidades de activos subjacentes.

A finalidade principal dos derivados acabou por não ser a originária, de «*hedging*», mas a de especulação e a de arbitragem – no primeiro caso, a de aposta na subida dos valores (o «*contango*», ou mais sofisticadamente a aposta na descida, a «*backwardation*»), no segundo caso, a de exploração das divergências de valores em diferentes mercados ou em diferentes activos (sendo a «arbitragem» a exploração assimétrica de imperfeições do mercado, sem risco). Também aqui os ganhos (e perdas) potenciais que se alcançam através dos derivados podem constituir múltiplos daqueles que se alcançariam através da negociação simples e directa dos activos subjacentes.

Um derivado de crédito é um contrato cujo valor resulta do risco de crédito de um activo subjacente (de títulos obrigacionistas, por exemplo), sendo portanto que o risco em causa se refere a um terceiro – a entidade de referência – e não às partes na transacção. Nos termos do contrato, o vendedor vende protecção («cobertura») contra o risco de crédito da entidade de referência a que o comprador esteja exposto (ou em alternativa contra o risco do próprio mercado), e esse risco pode consubstanciar-se num qualquer evento de crédito (insolvência, mora ou incumprimento de algumas ou todas as obrigações, antecipação de prazos, alteração ou perda de garantias, reestruturação de dívidas), devendo sublinhar-se que as partes no contrato não têm que dispor do activo subjacente (bastando que este esteja «titularizado») nem têm que ter qualquer relação com a entidade de referência, e que o «evento de crédito» serve de condição suspensiva ou resolutiva das obrigações do emitente dos valores mobiliários condicionados por eventos de crédito.

Para evitar o alastramento dessa «especulação indutora», as autoridades financeiras internacionais e os Estados poderiam ter interditado os CDS e outros instrumentos derivados de «parasitismo da desgraça» (não esqueçamos que o que um CDS representa é essencialmente a aposta no incumprimento de uma dívida, uma aposta assente na percepção da incapacidade económica, actual ou potencial, do devedor, ou até na sua vulnerabilidade a uma insolvência provocada), mais a mais quando o efeito destrutivo desses instrumentos derivados tinha já sido abundantemente evidenciado nas crises financeiras imediatamente precedentes (começando no espectacular desenlace da *Enron*). Não o fizeram por um conjunto vasto de razões, a maior parte delas más razões: entre elas destacaríamos a complacência com a sedimentação de um novo sistema financeiro internacional assente na especulação indutora e na contabilização de movimentos meramente ideais de activos, ou referidos a activos, e por isso susceptíveis de multiplicações e empolamentos ilimitados; e a noção optimista de que esses instrumentos parasíticos não se virariam jamais, seja contra os seus próprios autores e beneficiários (basicamente os bancos de investimento e os «*hedge funds*»), seja contra a dívida soberana.

Não o farão agora, comprometidos que ficaram com o «*bailout*» das mesmíssimas instituições de crédito que tinham protagonizado a explosão dos instrumentos derivados, instituições com as quais os Estados vão mantendo proveitosas simbioses, traduzidas em «alavancagem» no acesso ao mercado e na contabilização de activos pelo «*notional value*» do «*mark-to-market*», e não pela realização de liquidez («*Capitalismo de Estado*» há-de ser uma expressão adequada para crismarmos historicamente a nossa era); e receosos que continuam de que a «desmultiplicação» que se seguiria ao banimento das «alavancas multiplicadoras» fizesse desaparecer a última réstia de confiança que subsiste, já que, apesar de todo o descrédito, os mercados não podem deixar de recorrer à intermediação financeira. Nem a proposta de controlo pan-europeu desses instrumentos derivados (através da obrigatoriedade de registo) vingou, embora ela tivesse possibilitado a detecção precoce de movimentos especulativos e de iniciativas concertadas de larga escala.

7. As Bactérias na Placa de Petri

Para percebermos com um pouco mais de nitidez o que está em causa, lembremos que um «*swap*» permite uma exposição das partes às variações de um activo subjacente sem necessidade de qualquer investimento directo nesse activo. Algumas das figuras predominantes nesta área são os TRS, os CDS, os CLN e os CDO.

1. Num «*total return swap*» (TRS), um contrato não-financiado, uma das partes recebe os rendimentos variáveis em função de um activo de referência (rendimentos, ganhos, perdas), enquanto a contraparte recebe um rendimento fixo, ou um rendimento cuja variabilidade não está correlacionada com a do activo subjacente, antes numa outra «*notional value*». Não se trata de um puro derivado na medida em que fornece protecção contra as perdas de valor do activo subjacente, e não somente, como num «*credit default swap*», contra eventos de crédito específicos. Como derivado de crédito não-financiado, o

TRS é um contrato de permuta financeira de fluxos de crédito – duas partes num contrato permutam temporariamente pagamentos periódicos a que cada uma tivesse direito; tipicamente, uma recebe juros e mais-valias de um activo de referência, enquanto a contraparte recebe pagamentos não-relacionados com a fiabilidade (obrigacional) da entidade de referência, mas apenas com a «*notional value*» associada aos valores permutados (sendo portanto mais amplos do que os «*credit default swaps*» porque protegem contra qualquer perda de valor, e não apenas as que sejam atribuíveis a específicos eventos de crédito).

2. Num «*credit default swap*» (CDS), contrato não-financiado, há um acordo entre um vendedor e um comprador de protecção contra eventos de crédito, tomando por foco a fiabilidade (obrigacional) de uma entidade de referência (privada ou pública). O comprador tipicamente paga uma quantia certa (e periódica) ao vendedor, e este procederá a um «pagamento contingente» a favor do comprador, caso se verifique a condição do «evento de crédito» na entidade de referência. Não se trata de um seguro, porque o comprador de protecção não tem que ter títulos da entidade de referência, nem sequer tem que averbar uma perda; e o vendedor de protecção não tem qualquer direito de subrogação, ou de regresso, contra a entidade de referência[42].

3. As «*credit linked notes*» (CLN), derivados de crédito financiados[43], são valores vinculados a créditos (valores mobiliários condicionados por eventos de crédito) – notas cujo valor (em termos de «*cash flow*») depende de um evento de crédito, a definir pelas partes, servido para o «*hedging*» de investimentos obrigacionistas[44].

---

[42] A figura surgiu quando os grandes financiadores procuraram cobrir o risco de crédito associado aos seus empréstimos sem terem que ceder a sua posição contratual nesses empréstimos.

[43] Significando que aqui, nos CLN e nos CDO, existe uma securitização através de uma instituição de crédito ou de um «*special purpose vehicle*» (SPV), com a qual o vendedor de protecção faz um pagamento inicial (que serve de garantia ao comprador contra riscos do próprio vendedor de protecção), ao contrário do que sucede com os dois casos anteriores, de TRS e de CDS, em que há a simples transacção, por contrato bilateral, de uma protecção de crédito.

[44] Por exemplo, um banco que empresta a devedores de elevado risco pode emitir CLN's através dos quais fique desobrigado de reembolsar, parcial ou totalmente, caso os

4. As «*collateralized debt obligations*» (CDO) são derivados de crédito financiados que expõem os subscritores ao risco de uma grande quantidade (e variedade) de dívidas, espelhando pois alguma diversificação por «*tranches*», de risco (de «risco subordinado») muito variado, podendo tratar-se tanto de penhor financeiro (contrato de garantia financeira sem transmissão da propriedade) como de alienação fiduciária em garantia (contrato de garantia financeira com transmissão da propriedade).

Esta simples enumeração das formas básicas do «admirável mundo novo da finança» justificar-se-á para ilustrarmos o quanto estas fontes de receita são complexas e sofisticadas, frutos que são de subtil modelação financeira – expondo todos aqueles que lidam com eles a riscos básicos, como o da insusceptibilidade de compreensão do que está em causa neles e de qual o nível de risco que incorporam, e da correspectiva susceptibilidade de manipulação (ocultação de riscos, empolamento de ganhos) em mercados crescentemente «desintermediados» e por isso crescentemente susceptíveis de amplificação irrestrita de ganhos e perdas potenciais.

Cabe perguntar em que legitimação política assenta a prática que tornou os Estados de todo o mundo – e também os Estados-membros da UEM – em participantes activos ou até em supervisores coniventes com esta «pesca em águas turvas».

8. Desconsiderando a Regra de «*No Bailout*»

Em vez de se afastarem do mercado de derivados, a UE e a UEM optaram pela mais onerosa e contraproducente das estratégias, a de ajudar financeiramente os governos em dificuldades de forma a torná-los menos atraentes para a especulação, mas com isso premiando não apenas a incompetência e a irresponsabilidade, passada ou futura, na conduta de Estados-membros da UEM, mas colaborando na perpetuação dos «instrumentos derivados», agora ajudando a financiar as contrapartes nas apostas quanto à bancarrota de Estados-membros (há uma tendência a esquecer que o «*bailout*» é a verificação de um dos dois resultados possíveis a que se reporta um CDS

---

devedores incumpram; todavia, quem compra as notas fica exposto a dois riscos cumulativos, o do incumprimento dos devedores e o da insolvência do banco.

sobre dívida soberana). Mais ainda, em vez de se congregarem em torno do próprio TFUE, que num assumido combate à incompetência e à irresponsabilidade estabelece no seu art. 125.º a cláusula de «*no bailout*», consumaram essa aberta violação à letra e ao espírito do Tratado ao mesmo tempo que tomavam para bodes expiatórios as agências de «*rating*» que tornavam transparente a fragilidade financeira e a solvência dos Estados-membros. Tudo, alegadamente, para salvar a UEM e a moeda única.

Na teoria, a desconsideração da regra de «*no bailout*» – ou a sua redução a uma «*fair-weather clause*», uma declaração de boas intenções válida apenas para tempos de bonança, e a ser retirada ao primeiro aviso de tormenta – é espelho das fragilidades e equívocos com que nasceu, e em que assenta, a UEM; na prática, ela estabelece não uma «União Monetária» mas uma «União de Endividamento», na expressão irónica que já emprégamos. Com efeito, se levamos em conta que as regras sobre o défice orçamental já foram violadas mais de 40 vezes desde Maastricht (com a Grécia comandando o pelotão), constatar-se-á com acrescida ironia que a UEM não foi apenas uma solução que habilitou vários países a viverem, ainda que temporariamente, acima dos seus meios (das suas capacidades de consolidação e equilíbrio orçamental após decénios de activismo pseudo-keynesiano[45]), converteu-se ainda numa forma de esses mesmos países, mantendo a fachada de acatamento das regras vigentes, acederem a novas fontes de financiamento e por essa via agravarem ainda mais o seu endividamento, tanto o público como o privado.

A crise na Grécia, e a ameaça de crise no grupo PIIGS, não é portanto facto surpreendente ou inadvertido, e, insistamos, não é o resultado de uma caprichosa conspiração de especuladores anti-europeístas – antes é a reacção de um mercado que impiedosamente explora, como referimos, todas as fragilidades que vê manifestarem-se, e que, com a complacência de Estados, supervisores e autoridades monetárias e financeiras, se muniu de instrumentos amplificadores e multiplicadores dos efeitos dessa especulação oportunista. É, aliás, uma guerra de armas iguais: os Estados não dispõem,

---

[45] Buchanan, James M. (1995), "Clarifying Confusion about the Balanced Budget Amendment", *National Tax Journal*, 48, 347-356; Dornbusch, Rudiger, Stanley Fischer & Richard Startz (2004), *Macroeconomics*, 9ª ed., Boston, McGraw-Hill, 233ss.; Rosen, Harvey S. (2002), *Public Finance*, 6ª ed., Boston, McGraw-Hill Irwin, 130ss.; Schultze, Charles L. (1995), "The Balanced Budget Amendment: Needed? Effective? Efficient?", *National Tax Journal*, 48, 317-328. Cfr. Araújo, Fernando (2005), *Introdução à Economia*, 3ª ed., Coimbra, Almedina, 772.

por ora, de vontade política para banirem os «instrumentos derivados» com os quais se aposta na sua bancarrota; mas esses mesmos Estados aproveitam em pleno o jogo especulativo para alcançarem os seus próprios fins – pense-se no caso da Grécia, apoiada por bancos de investimento em operações com «produtos estruturados» concebidos para ajudar a «maquilhar» o seu défice, com uma complacência *ex ante* reforçada pela subsequente violação do art. 125.º do TFUE.

Perante isto, parece que a UEM está prisioneira de um dilema, na medida em que se encontra profundamente comprometida com um quadro de funcionamento do mercado financeiro que ao mesmo tempo comporta um elevadíssimo risco de dissolução da própria União. Dadas as implicações políticas e o inerente simbolismo, não parece – por agora – credível a opção de abandono ou expulsão de algum Estado-membro, ainda que a retórica e o sensacionalismo se exaltem já com tal possibilidade.

Menos credível – e mais perigosa – é a ideia de colocar em marcha a Procuradoria Europeia (prevista no art. 86.º do TFUE), alegadamente com o fito de pô-la no encalço dos «especuladores» que atentariam contra a UEM: na melhor das hipóteses, um «tiro no pé» que mais não faria do que deixar transparecer as malsãs simbioses dos Estados-membros com o lado obscuro da moderna actividade financeira; na pior das hipóteses, uma das habituais soluções tutelares e pretensamente «reguladoras» que interferem com o todo da liberdade económica por dificuldade de lidarem adequadamente com o lado «contaminado» dessa liberdade – no caso, impondo uma nova entidade burocrática (ocorre logo falar da «*European Debt Agency*», concebida para funcionar como uma espécie de super-Ministério das Finanças da UE) ou ampliando as atribuições das múltiplas existentes com o fito de «disciplinar» os mercados financeiros, mas sem extirpar imediatamente os «instrumentos derivados» que precisamente contaminaram esses mercados (afinal, um passo tão simples e lógico como o da criminalização do «*insider trading*», há um século uma prática inteiramente aceite, até dominante, nos mercados financeiros – sob a designação de «*financial tips*» –)[46].

---

[46] Admitimos que faz sentido um condicionamento intermédio, por exemplo a proibição imediata, ou ao menos a prazo, do mercado «*over the counter*» de derivados, um mercado menos transparente e mais exposto ao risco da contraparte (em especial no caso dos «*swaps*»), a favor da subsistência, ao menos temporária, da negociação em bolsa, dos «*exchange-traded derivatives*» – devendo todavia reconhecer-se que o incremento de transparência e a diminuição de risco da contraparte «central» é muitas vezes contrabalançado pelo aumento de risco na sofisticação e na «estruturação» dos produtos transaccionados.

E é óbvio que um «*bailout*» colectivo, nomeadamente o recurso ao Fundo Monetário Internacional, ou até a criação – que tem os seus defensores – de um Fundo Monetário Europeu, seria, ao menos em termos de reputação, o equivalente à admissão do colapso da UEM.

Dada a forma como o Euro nasceu, a solução para a presente crise não é certamente «mais do mesmo» – especificamente a criação de uma nova moeda única, uma nova denominação monetária, por mais dourada e acarinhada que ela apareça pela «indústria de eufemismos» em que se converteu alguma da moderna ciência financeira (a tal que, caricaturalmente, deixou de admitir que os preços baixam e insiste que eles apenas «ajustam»). A crise interna da UEM transformou-se numa crise de confiança – de confiança recíproca entre os Estados-membros, de confiança dos cidadãos, dos consumidores, dos investidores, nos seus próprios Estados e nas instituições comunitárias –; ela já não pode ser salva por «*wishful thinking*» ou por qualquer barragem de eufemismos.

9. A Redenção Monetarista?

Ora uma situação dessas parece aconselhar, mais do que nunca, o regresso ao paradigma monetarista que, recordemos, começou por inspirar a criação da UEM – é que esse paradigma monetarista é aquele que especificamente se centra na tutela das expectativas, na formação de confiança, na sedimentação racional de expectativas sobre o longo prazo na economia[47].

É com ele que o Banco Central pode paralisar euforias e turbulências mantendo-se apegado, com a credibilidade e a transparência que lhe são consentidos pela sua independência[48], a regras de gestão dos agregados monetários que não se deixam capturar ou perturbar pelas urgências do momento, por notações de risco em constante mutação (haja o não um desígnio mercenário subjacente), pela espiral crescente de «prémios de risco» incorporados em «*spreads*» de operações bancárias e inter-bancárias ou reflectidos na expansão e valorização de «*credit default swaps*».

---

[47] Asso, Pier Francesco, George A. Kahn & Robert Leeson (2007), "The Taylor Rule and the Transformation of Monetary Policy" (paper), 5.

[48] Goodfriend, Marvin (1986), "Monetary Mystique: Secrecy and Central Banking", *Journal of Monetary Economics*, 17, 63-92; Blinder, Alan S. (1996), "Central Banking in a Democracy", *Federal Reserve Bank of Richmond Economic Quarterly*, 82/4, 1-14.

Recoloquemos a questão em termos ainda mais simples, perguntando genericamente se os Bancos centrais devem reagir às volatilidades bolsistas[49], em especial dada a rigidez anunciada com o «*targeting*» da inflação[50]. A resposta, no seio da congruência monetarista, é elementar: os Bancos Centrais só devem reagir na medida em que as variações dos valores bolsistas repercutam nas previsões desses mesmos Bancos reportadas à tendência evolutiva (de longo prazo) da inflação[51].

Mas isso, em nosso entender, reclama também alguns ajustamentos no próprio desenho inicial da UEM, até no redesenho do quadro normativo e institucional em que se quis fazer assentar a tão vital independência do BCE. Tal como ele foi inicialmente concebido, o BCE nasceu como uma entidade eminentemente capturável – se é que não nasceu já capturada, na «dança de cadeiras» que, com grande alarido politico-partidário e grande coreografia diplomática, determinou a escolha logo do seu primeiro Presidente.

Recapitulando, pede-se de um Banco Central moderno que, com prioridade[52]:

1. Auxilie à estabilização dos preços – basicamente isolando a criação de moeda das solicitações de curto prazo induzidas por hiatos inflacionistas ou deflacionistas[53], subordinando-a antes a um propósito de consistência inter-temporal de atitudes[54]; por outras palavras, que promova a estabilidade nominal dos preços através do valor «credibilidade», como sucessor da desacreditada «âncora institucional» do sistema de Bretton Woods;

---

[49] Bernanke, Ben S. & Mark Gertler (1999), "Monetary Policy and Asset Volatility", *Federal Reserve Bank of Kansas City Economic Review*, 84/4, 17-52.

[50] Bernanke, Ben S. & Frederic S. Mishkin (1997), "Inflation Targeting: A New Framework for Monetary Policy?", *Journal of Economic Perspectives*, 11/2, 97-116.

[51] Bernanke, Ben S. & Mark Gertler (2001), "Should Central Banks Respond to Movements in Asset Prices?", *American Economic Review*, 91/2, 253-257, 253.

[52] Crowe, Christopher & Ellen E. Meade (2007), "The Evolution of Central Bank Governance around the World", *Journal of Economic Perspectives*, 21/4, 69-90, 88ss.; Goodfriend, Marvin (2007), "How the World Achieved Consensus on Monetary Policy", *Journal of Economic Perspectives*, 21/4, 47-68.

[53] Taylor, John B. (1985), "What Would Nominal GNP Targeting Do to the Business Cycle?", *Carnegie-Rochester Conference Series on Public Policy*, 22, 61-84.

[54] Asso, Pier Francesco, George A. Kahn & Robert Leeson (2007), "The Taylor Rule and the Transformation of Monetary Policy" (paper), 35ss..

2. Estabeleça um valor de «inflação-alvo» e se mantenha apegado a esse objectivo através de regras procedimentais simples (mormente com uma «*feedback rule*» ancorada a um valor da «*core inflation*», como a «regra de Taylor» que, desde a sua primeira formulação no início dos anos 90[55], tem vindo a dominar a teoria e a prática da política monetária[56]).

3. Com o inflexível apego a um alvo único e a uma regra única vá estabilizando as expectativas[57], vá fazendo coincidir valores de curto e longo prazo por «endogeneização» (por habituação às políticas de estabilização[58]) e inutilize a especulação financeira, acabando por dissuadi-la (e por sua vez tornando redundante, a prazo mas de modo permanente, qualquer activismo na política monetária[59]);

4. Estabeleça alvos e regras exclusivamente subordinado a uma «aversão à inflação» superior à média, de modo a agir preventivamente,

---

[55] Taylor, John B. (1993), "Discretion versus Policy Rules in Practice", *Carnegie-Rochester Conference Series on Public Policy*, 39, 195-214.

[56] Bernanke, Ben S. & Frederic S. Mishkin (1992), "Central Bank Behavior and the Strategy of Monetary Policy: Observations from Six Industrialized Countries", *in* Blanchard, Olivier Jean & Stanley Fischer (orgs.) (1992), *NBER Macroeconomics Annual 1992*, Cambridge MA, MIT Press, 138-228; Orphanides, Athanasios (2003), "Historical Monetary Policy Analysis and the Taylor Rule", *Journal of Monetary Economics*, 50/5, 983-1022.

[57] Como implicitamente se fez nos anos 70 no Bundesbank, no Banco do Japão e no Banco Nacional Suiço e nos anos 80 nas «eras Volker e Greenspan» nos EUA, e explicitamente se assumiu como «inflation targeting» pela Nova Zelândia (1990), pelo Canadá (1991), pela Suécia (1992) e pela Grã-Bretanha (1992), e na viragem do século pelas economias de transição depois do colapso das taxas de câmbios fixas. Cfr. Rich, Georg (1997), "Monetary Targets as a Policy Rule: Lessons from the Swiss Experience", *Journal of Monetary Economics*, 39/1, 113-141; Blejer, Mario, Alain Ize, Alfredo M. Leone & Sergio Werlang (orgs.) (2000), *Inflation Targeting in Practice: Strategic and Operational Issues and Application to Emerging Market Economies*, Washington DC, International Monetary Fund; Leiderman, Leonardo & Lars E.O. Svensson (1995), *Inflation Targets*, London, Centre for Economic Policy Research; Von Hagen, Jurgen (1999), "Money Growth Targeting by the Bundesbank", *Journal of Monetary Economics*, 43/3, 681-701.

[58] Lucas Jr., Robert E. (1972), "Expectations and the Neutrality of Money", *Journal of Economic Theory*, 4/2, 103-124; Sargent, Thomas J. (1973), "Rational Expectations, the Real Rate of Interest, and the Natural Rate of Unemployment", *Brookings Papers on Economic Activity*, 2, 429-472.

[59] Taylor, John B. (2007), "Thirty-five Years of Model Building for Monetary Policy Evaluation: Breakthroughs, Dark Ages and a Renaissance", *Journal of Money, Credit and Banking*, 39/1, 193-201.

com alguma agressividade[60], na estabilização de curto prazo (com o elemento «*forward-looking*» muito enfatizado – pesem embora as conotações neokeynesianas desse elemento[61] –, a genuína estabilização dá origem a uma atitude de prevenção geral – a «dinâmica» macroeconómica subjacente é inteiramente invertida, não se tratando já, com a subida das taxas de juro, de moderar a procura agregada[62]);

5. Interaja com os mercados financeiros globalizados e com as novas instituições monetárias internacionais, assegurando a harmonização possível entre políticas monetárias, reduzindo o risco cambial e o espaço para a «arbitragem» cambial.

10. Independência e «Regra de Taylor»

Isso reclama um Banco Central independente – mas um Banco independente em mais do que uma dimensão, não simplesmente um Banco dirigido por autoridades irresponsáveis e inamovíveis e com mandatos longos. Um banco imaculadamente independente, convictamente, genuinamente, independente – sob pena de continuamente se regressar às armadilhas da «inconsistência inter-temporal», um fenómeno até separado dos efeitos de qualquer dependência ou captura do Banco Central, e que essencialmente corresponde ao seguinte: verificado num primeiro momento o

---

[60] Clarida, Richard, Jordi Galí & Mark Gertler (2000), "Monetary Policy Rules and Macroeconomic Stability: Evidence and Some Theory", *Quarterly Journal of Economics*, 115/1, 147-180.

[61] Clarida, Richard, Jordi Galí & Mark Gertler (1998b), "Monetary Policy Rules in Practice: Some International Evidence", *European Economic Review*, 42, 1033-1067; Clarida, Richard, Jordi Galí & Mark Gertler (1999), "The Science of Monetary Policy: A New Keynesian Perspective", *Journal of Economic Literature*, 37/4, 1661-1707; Sauer, Stephan & Jan-Egbert Sturm (2003), "Using Taylor Rules to Understand ECB Monetary Policy" (paper), 19ss..

[62] Benhabib, Jess, Stephanie Schmitt-Grohé & Martín Uribe (2002), "Avoiding Liquidity Traps", *Journal of Political Economy*, 110/3, 535-563; Clarida, Richard, Jordi Galí & Mark Gertler (2000), "Monetary Policy Rules and Macroeconomic Stability: Evidence and Some Theory", *Quarterly Journal of Economics*, 115/1, 147-180; Cochrane, John H. (2007), "Inflation Determination with Taylor Rules: A Critical Review" (paper), 3-4; Woodford, Michael (2003), *Interest and Prices: Foundations of a Theory of Monetary Policy*, Princeton NJ, Princeton University Press.

seu sucesso na estabilização discricionária, o Banco Central passaria a ficar permanentemente sujeito a uma pressão política no sentido de ajudar a impulsionar o crescimento e reduzir o desemprego – um erro, já que, «empurrando» a economia para lá do PIB potencial e da taxa natural de desemprego, dessa política só pode resultar no longo prazo a inflação, nada mais[63].

Para clarificar este último ponto, regressemos por momentos à pureza dos princípios da moderna Macroeconomia: dizer-se que a curva da oferta agregada é *vertical* no longo prazo equivale a dizer-se muito simplesmente que, passado o impacto inicial, as variações do nível de preços em nada afectam as quantidades de bens e serviços produzidos – não interferindo a variável nominal (preços) na variável real (quantidades), prevalecendo antes uma situação de neutralidade monetária, de que resulta ser o PIB potencial independente do nível de preços, pelo que a inflação é o único efeito que perdura no longo prazo, movido pela sua própria inércia e o seu potencial perturbador[64]. Ou, partindo da perspectiva simétrica, dir-se-á que domina hoje a ideia de que o agravamento constante da combinação de valores da inflação e do desemprego só poderá ser contrariado através de uma rigorosa política *deflacionista*; sendo a lógica ínsita a de que, dada a neutralidade monetária no longo prazo, essa contracção da massa monetária não provocará danos *reais* duradouros, subsistindo apenas, no longo prazo, a *deflação*[65].

Uma palavra sobre a «Regra de Taylor»: ela é uma regra *activista* por excelência, que sugere às autoridades monetárias que taxa de juro adoptar com vista à obtenção de uma *taxa-alvo de inflação*[66].

---

[63] Barro, Robert J. & David B. Gordon (1983b), "Rules, Discretion and Reputation in a Model of Monetary Policy", *Journal of Monetary Economics*, 12/1, 101-121; Kydland, Finn E. & Edward C. Prescott (1977), "Rules Rather than Discretion: The Inconsistency of Optimal Plans", *Journal of Political Economy*, 85/3, 473-491; Woodford, Michael (2007), "The Case for Forecast Targeting as a Monetary Policy Strategy", *Journal of Economic Perspectives*, 21/4, 3-24, 13ss..

[64] Araújo, Fernando (2005), *Introdução à Economia*, 3ª ed., Coimbra, Almedina, 648 (Ver Gráfico 17.6).

[65] Dornbusch, Rudiger, Stanley Fischer & Richard Startz (2004), *Macroeconomics*, 9ª ed., Boston, McGraw-Hill, 472-474.

[66] Para análises genéricas da «regra de Taylor», cfr. Benhabib, Jess, Stephanie Schmitt-Grohé & Martín Uribe (2001), "Monetary Policy and Multiple Equilibria", *American Economic Review*, 91/1, 167-186; Bryant, Ralph C., Peter Hooper & Catherine L. Mann (orgs.) (1993), *Evaluating Policy Regimes: New Research in Empirical Macroeconomics*,

A sua fórmula inicial é, simplificadamente:

– [Taxa de Juro]=2+[Inflação corrente]+0,5*([Inflação corrente]-[Inflação-alvo])+0,5*(100*(([PIB real]-[PIB potencial])/[PIB real])).
– Ou, numa formulação mais esquemática: [Taxa de Juro]=2+[Inflação corrente]+0,5*[Excesso de inflação face à taxa-alvo]+0,5*[Hiato do produto][67,68].
– Numa síntese, dir-se-á que a fórmula sugere as seguintes regras:
  1. sempre que a inflação varie 1%, as autoridades monetárias devem variar a taxa de juro em 1,5%, e no mesmo sentido (subindo a taxa de juro quando a inflação tenda a subir, descendo a taxa de juro quando a inflação tenda a descer);
  2. sempre que o «hiato do produto» varie 1% as autoridades monetárias devem variar a taxa de juro em 0,5%, e no mesmo sentido (subindo a taxa de juro quando o «hiato do produto» aumenta, descendo a taxa de juro quando o «hiato do produto» diminui)[69].

Washington DC, Brookings Institution; Clarida, Richard, Jordi Galí & Mark Gertler (1999), "The Science of Monetary Policy: A New Keynesian Perspective", *Journal of Economic Literature*, 37/4, 1661-1707; Hetzel, Robert L. (2000), "The Taylor Rule: Is It a Useful Guide to Understanding Monetary Policy?", *Federal Reserve Bank of Richmond Economic Quarterly*, 86/2, 1-33; Judd, John P. & Glenn D. Rudebusch (1998), "Taylor's Rule and the Fed: 1970-1997", *Federal Reserve Bank of San Francisco Economic Review*, 3, 3-16; Kozicki, Sharon (1999), "How Useful Are Taylor Rules for Monetary Policy?", *Federal Reserve Bank of Kansas City Economic Review*, 2, 5-33; McCallum, Bennett T. (1999), "Issues in the Design of Monetary Policy Rules", *in* Taylor, John B. & Michael Woodford (orgs.) (1999), *Handbook of Macroeconomics – 1C*, Amsterdam, North-Holland, 1483-1530; Woodford, Michael (2001), "The Taylor Rule and Optimal Monetary Policy", *American Economic Review*, 91/2, 232-237.

[67] O valor 2 corresponde à taxa de juro real média no longo prazo.

[68] Em aplicação da fórmula, suponhamos que a inflação corrente é de 5%, que o PIB está 1% acima do PIB potencial e que a inflação-alvo é de 2%. Nesse caso, a taxa de juro deveria ser de 9% (=2+5+(0,5*3)+(0,5*1)). Suponhamos que a inflação corrente é de 5%, que estamos em pleno emprego e que a inflação-alvo é de 2%. Nesse caso, a taxa de juro deveria ser de 8,5% (=2+5+(0,5*3)+(0,5*0)). Suponhamos ainda que a inflação corrente é de 4%, que o PIB está 1% acima do PIB potencial e que a inflação-alvo é de 2%. Nesse caso, a taxa de juro deveria ser de 7,5% (=2+4+(0,5*2)+(0,5*1)).

[69] Dornbusch, Rudiger, Stanley Fischer & Richard Startz (2004), *Macroeconomics*, 9ª ed., Boston, McGraw-Hill, 200.

11. A Presidente Ideal do Banco Central Europeu: uma Proposta Modesta

Sublinhe-se que foi precisamente para se resolver esse problema de inconsistência temporal que se sugeriu que a política monetária passasse a ficar confiada a pessoas com especial aversão à inflação[70], e pessoas isoladas da influência política governamental[71], ou confiada a pessoas que, sem terem essas características demonstradas, ao menos recebessem incentivos especiais para agirem com consistência e independência[72].

Por mim, descrente de tais incentivos «*ad hoc*», e mais desconfiado ainda da risonha e alienadora retórica da «*governance*» nestas áreas[73], não escondo a minha preferência por colocar uma senhora idosa, uma pensionista, à cabeça do BCE (de preferência por sufrágio universal e directo): à aversão ao risco, estatisticamente determinada como predominante no sexo feminino, acresceria a aversão aos efeitos erosivos da inflação sobre os rendimentos dos pensionistas, uma aversão superior à média (se pudermos pressupor que os rendimentos da população activa estarão normalmente mais protegidos por indexações, e mais ainda se pudermos pressupor que a mediana dos rendimentos dos pensionistas é inferior à mediana dos rendimentos da população activa).

Uma Presidente Ideal com essas características garantiria uma reacção levemente desproporcionada às pressões inflacionistas (acima do «*one-for-*

---

[70] Rogoff, Kenneth (1985), "The Optimal Degree of Commitment to an Intermediate Monetary Target", *Quarterly Journal of Economics*, 100/4, 1169-1189.

[71] Barro, Robert J. & David B. Gordon (1983), "A Positive Theory of Monetary Policy in a Natural-Rate Model", *Journal of Political Economy*, 91/3, 589-610; Blinder, Alan S. (1997), "What Central Bankers Could Learn from Academics – and Vice- -Versa", *Journal of Economic Perspectives*, 11/2, 3-19; Kydland, Finn E. & Edward C. Prescott (1977), "Rules Rather than Discretion: The Inconsistency of Optimal Plans", *Journal of Political Economy*, 85/3, 473-491; McCallum, Bennett T. (1997), "Crucial Issues Concerning Central Bank Independence", *Journal of Monetary Economics*, 39, 99-112.

[72] Walsh, Carl E. (1995), "Optimal Contracts for Central Bankers", *American Economic Review*, 85/1, 150-167.

[73] Bernanke, Ben S. & Frederic S. Mishkin (1997), "Inflation Targeting: A New Framework for Monetary Policy?", *Journal of Economic Perspectives*, 11/2, 97-116; King, Mervyn A. (2005), "What Has Inflation Targeting Achieved?", *in* Bernanke, Ben S. & Michael Woodford (orgs.) (2005), *The Inflation-Targeting Debate*, Chicago, University of Chicago Press, 11-16.

one feedback»[74]), preenchendo assim em pleno as condições que consensualmente se associam à generalização da «regra de Taylor»[75] (uma simples reacção proporcionada poderia transmitir uma impressão de sub-reacção, e por essa via induzir flutuações amplificadas pelas expectativas[76]).

Nada disto se pode esperar de Presidentes-Banqueiros profundamente isolados, até ao limite do atordoamento, dos efeitos da inflação – prisioneiros dos seus vencimentos anuais de centenas de milhares de euros, acrescidos de «*fringe benefits*» e outros adornos das gaiolas douradas, empurrados que ficam para uma visão remota das variáveis macroeconómicas, comprometidos que estão pelas solidariedades clientelares com os seus mentores políticos.

Eu juntaria ainda uma preferência por uma característica não essencial, a de que essa Presidente Ideal do BCE dispusesse de pouca cultura económica e financeira, de forma a não deixar que convicções próprias e arreiga-

---

[74] A ideia básica é esta: se tanto a inflação como o «hiato do produto» forem zero, o Banco Central tende a limitar-se (e deve limitar-se) a estabelecer a taxa de juro corrente, e a taxa de juro previsível, também ao nível zero; qualquer «aquecimento» inflacionista tenderá a corresponder (e deverá corresponder) a uma subida mais do que proporcional das taxas de juro nominais (um feedback, portanto, acima do one-for-one); em contrapartida, um declínio espontâneo da inflação permitirá ao banco baixar os juros e criar algum estímulo à procura agregada, com o limite da «armadilha da liquidez». Deste modo evita-se toda a referência a agregados monetários e a todas as trajectórias de crescimento da massa monetária, tidos por metas complexas e perturbadoras da política básica das autoridades monetárias. Cfr. Taylor, John B. (1993), "Discretion versus Policy Rules in Practice", *Carnegie-Rochester Conference Series on Public Policy*, 39, 195-214; Galí, Jordi & Mark Gertler (2007), "Macroeconomic Modeling for Monetary Policy Evaluation", *Journal of Economic Perspectives*, 21/4, 25-45, 36ss..

[75] Clarida, Richard, Jordi Galí & Mark Gertler (2000), "Monetary Policy Rules and Macroeconomic Stability: Evidence and Some Theory", *Quarterly Journal of Economics*, 115/1, 147-180; Davig, Troy & Eric M. Leeper (2007), "Generalizing the Taylor Principle", *American Economic Review*, 97, 607-635; Rotemberg, Julio J. & Michael Woodford (1997), "An Optimization-Based Econometric Framework for the Evaluation of Monetary Policy", *in* Bernanke, B.S. & J.J. Rotemberg (orgs.) (1997), 297-346.

[76] Benhabib, Jess, Stephanie Schmitt-Grohé & Martín Uribe (2001), "Monetary Policy and Multiple Equilibria", *American Economic Review*, 91/1, 167-186; Calvo, Guillermo A. (1979), "On Models of Money and Perfect Foresight", *International Economic Review*, 20/1, 83-103; Fischer, Stanley (1974), "Money and the Production Function", *Economic Inquiry*, 12/4, 517-533; Rotemberg, Julio J. (1982b), "Sticky Prices in the United States", *Journal of Political Economy*, 90/6, 1187-1211; Taylor, John B. (1977), "Conditions for Unique Solutions in Stochastic Macroeconomic Models with Rational Expectations", *Econometrica*, 45/6, 1377-1385.

das interferissem no automatismo iterativo da aplicação de puras regras de «*feedback*», simples, transparentes, inteiramente previsíveis. Longe vão os tempos em que se julgava que às autoridades monetárias cabia examinarem vastas quantidades de dados, ouvirem uma multiplicidade de especialistas, aplicarem modelos e simulações sofisticados, arriscarem previsões e, por fim, decidirem em tempo útil – espelhando em suma uma visão ampla do momento da economia numa determinada decisão cuja complexidade e não-linearidade poderiam ainda acarretar a consequência indesejada de tornarem imprevisível, aparentemente errática até, essa decisão – pois tudo isso tem sido superado, insista-se, pelo automatismo das regras de «*feedback*»[77].

Lembremos inclusivamente que uma das principais dívidas teóricas para com o monetarismo é a demonstração, por este, de que a inflação não é um problema multifactorial (e implicitamente intratável, a exigir a rigorosa sincronização de controles de preços ou rendimentos, de políticas de crédito e de políticas orçamentais), já que: 1) a inflação de longo prazo é sempre resultado de crescimento excessivo dos agregados monetários (ainda que no curto prazo múltiplos factores possam influir); 2) o controlo da emissão da moeda é amplamente suficiente para travar aquele crescimento excessivo e, através dele, a inflação de longo prazo; 3) basta que o Banco Central actue com indiferença pelas flutuações de curto prazo manifestadas pela procura da moeda (em especial aquelas provindas da gestão da despesa pública)[78].

Refira-se aliás, de passagem, que há quem sustente que o BCE tem colocado demasiada ênfase no «hiato do produto» por comparação com os valores da inflação[79], concluindo alguns que daí resulta, para o Banco, um papel fundamentalmente destabilizador, um papel não muito diferente daquele que, na Reserva Federal, tem sido associado à era «pré-Volcker»[80]; isto ainda que, em rigor, pareça prematuro concluir-se acerca da verdadeira

---

[77] Davig, Troy & Eric M. Leeper (2007), "Generalizing the Taylor Principle", *American Economic Review*, 97, 607-635, 607ss..

[78] Tobin, James (1980), "Stabilization Policy Ten Years After", *Brookings Papers on Economic Activity*, 1, 19-71, 64ss..

[79] Sauer, Stephan & Jan-Egbert Sturm (2003), "Using Taylor Rules to Understand ECB Monetary Policy" (paper), 27.

[80] Taylor, John B. (1999), "A Historical Analysis of Monetary Policy Rules", *in* Taylor, John B. (org.) (1999), *Monetary Policy Rules*, Chicago, University of Chicago Press, 319-341.

índole da política monetária do BCE, que manifestamente não se defrontou ainda com toda a variedade possível de circunstâncias[81].

Por outro lado, uma Presidente Ideal dotada de pouca cultura económica e financeira não seria acometida de dúvidas e de hesitações como aquelas que interpelariam um académico probo: por exemplo, perseverar numa União Monetária como a «*voie royale*» para a estabilização do crescimento económico – aquilo que tem sido feito, ao menos em palavras –, ou abandoná-la e concentrar esforços em modelos de «*real business cycle*» vocacionados para a prevenção e terapia de choques nas variáveis «reais» da produtividade, da despesa, dos termos de troca no comércio internacional – e nada de moeda?[82] Ou avançar para as sempiternas sínteses destinadas a almas tímidas?[83] A riqueza teorética nem sempre é uma bênção para a prática...

---

[81] Sauer, Stephan & Jan-Egbert Sturm (2003), "Using Taylor Rules to Understand ECB MonetaryPolicy" (paper), 28ss..

[82] King, Robert G., Charles I. Plosser & Sergio T. Rebelo (1988), "Production, Growth and Business Cycles: I. The Basic Neoclassical Model", *Journal of Monetary Economics*, 21/2-3, 195-232; Kydland, Finn E. & Edward C. Prescott (1982), "Time to Build and Aggregate Fluctuations", *Econometrica*, 50/6, 1345-1371; Long, John B. & Charles I. Plosser (1983), "Real Business Cycles", *Journal of Political Economy*, 91/1, 39-69; Prescott, Edward C. (1986b), "Theory Ahead of Business Cycle Measurement", *Carnegie-Rochester Conference Series on Public Policy*, 25, 11-44; Prescott, Edward C. (2006), "Nobel Lecture: The Transformation of Macroeconomic Policy and Research", *Journal of Political Economy*, 114/2, 203-235.

[83] Clarida, Richard, Jordi Galí & Mark Gertler (1999), "The Science of Monetary Policy: A New Keynesian Perspective", *Journal of Economic Literature*, 37/4, 1661-1707; Cooley, Thomas F. (org.) (1995), *Frontiers of Business Cycle Research*, Princeton NJ, Princeton University Press; Goodfriend, Marvin (2002), "Monetary Policy in the New Neoclassical Synthesis: A Primer", *International Finance*, 5/2, 165-191; Goodfriend, Marvin & Robert G. King (1997), "The New Neoclassical Synthesis and the Role of Monetary Policy", in Bernanke, Ben S. & Julio J. Rotemberg (orgs.) (1997), *NBER Macroeconomics Annual 1997*, Cambridge MA, MIT Press, 231-283; Messori, Marcello (org.) (1999), *Financial Constraints and Market Failures:The Microfoundations of New Keynesian Macroeconomics*, Cheltenham, Elgar; Rosende, Francisco (2002), "La Nueva Síntesis Keynesiana: Análisis e Implicancias de Política Monetaria", *Cuadernos de Economia*, 39/117, 203-233; Walsh, Carl E. (2003), "Speed Limit Policies: The Output Gap and Optimal Monetary Policy", *American Economic Review*, 93/1, 265-278. Cfr. Araújo, Fernando (2005), *Introdução à Economia*, 3ª ed., Coimbra, Almedina, Gráfico 26.8.

12. Problemas de Credibilidade numa União Monetária

Claro está que o objectivo da independência do Banco Central não se basta com as características pessoais dos banqueiros ou mesmo com a abstenção de interferências governamentais; passou a reconhecer-se que também era necessária a definição de objectivos claros para a política monetária, não apenas para limitar «ajudas» ao Estado mas também, e sobretudo, para evitar a já referida «armadilha» da política discricionária[84].

Em contrapartida, também é sabido que a independência real gera outro tipo de problemas, em especial em sede de responsabilidade pessoal e institucional – aspectos cruciais numa sociedade democrática[85]. Um modo de reconciliar os dois objectivos, independência e responsabilidade, é o de atribuir-se aos titulares das autoridades monetárias um mandato bem restrito e demarcado – a definição de «alvos», de «objectivos» simples, fáceis de identificar, fáceis de aferir, auxiliando à determinação sobre o sucesso ou insucesso no respectivo preenchimento, e idealmente afastados de discussões sobre interpretações possíveis, sobre prioridades entre metas difusas: uma independência, quer de objectivos, quer de instrumentos com que prossegui-los[86].

E também não é de ignorar o custo em termos de limitação da informação disponível que a independência do Banco Central representa: a independência tem que se traduzir na obtenção da informação crucial exclusivamente pelos seus próprios meios, sem confiar na informação oferecida por terceiros, em especial pelos Governos[87].

---

[84] Crowe, Christopher & Ellen E. Meade (2007), "The Evolution of Central Bank Governance around the World", *Journal of Economic Perspectives*, 21/4, 69-90, 70ss.; Cukierman, Alex, Steven B. Webb & Bilin Neyapti (1992), "Measuring the Independence of Central Banks and Its Effect on Policy Outcomes", *World Bank Economic Review*, 6/3, 353-398.

[85] Crowe, Christopher & Ellen E. Meade (2007), "The Evolution of Central Bank Governance around the World", *Journal of Economic Perspectives*, 21/4, 69-90, 78ss..

[86] Debelle, Guy & Stanley Fischer (1995), "How Independent Should Central Banks Be?", *in* Fuhrer, Jeffrey C. (org.) (1995), *Goals, Guidelines and Constraints Facing Monetary Policymakers*, Boston, Federal Reserve Bank of Boston, 195-221.

[87] Cho, In-Koo, Noah Williams & Thomas J. Sargent (2002), "Escaping Nash Inflation", *Review of Economic Studies*, 69/1, 1-40; Cogley, Timothy & Thomas J. Sargent (2005), "The Conquest of U.S. Inflation: Learning and Robustness to Model Uncertainty", *Review of Economic Dynamics*, 8/2, 528-563; Sargent, Thomas J. (1999), *The Conquest*

Não é demais insistirmos na ligação necessária entre o facto da independência e o valor da credibilidade como ponto focal para as expectativas (subscrevamos, ou não, a radicalidade da análise das «expectativas racionais»[88]): bastará uma primeira mudança discricionária de regime para convencer os actores económicos de que tal mudança, sendo *possível*, passa a ser *provável* (sendo que a única expectativa inteiramente estável é aquela que presume que as alterações são *impossíveis*[89])[90]. Em contrapartida, não é fácil às autoridades monetárias descartarem a possibilidade de mudança de regime, seja para regras mais brandas seja para a discricionariedade, mesmo quando percebam as vantagens de ficarem desde o início inibidas

---

of American Inflation, Princeton, Princeton University Press; Sargent, Thomas J. & Noah Williams (2005), "Impacts of Priors on Convergence and Escapes from Nash Inflation", *Review of Economic Dynamics*, 8/2, 360-391; Sargent, Thomas J., Noah Williams & Tao Zha (2006), "Shocks and Government Beliefs: The Rise and Fall of American Inflation", *American Economic Review*, 96, 1193-1224, 1195ss.; Sims, Christopher A. (1988), "Projecting Policy Effects with Statistical Models", *Revista de Analisis Economico*, 3, 3-20.

[88] Goodfriend, Marvin (2007), "How the World Achieved Consensus on Monetary Policy", *Journal of Economic Perspectives*, 21/4, 47-68, 51-53; Kydland, Finn E. & Edward C. Prescott (1977), "Rules Rather than Discretion: The Inconsistency of Optimal Plans", *Journal of Political Economy*, 85/3, 473-491; Lucas Jr., Robert E. (1976), "Econometric Policy Evaluation: A Critique", *Carnegie-Rochester Conference Series on Public Policy*, 1, 19-46; Lucas Jr., Robert E. & Thomas J. Sargent (1981), *Rational Expectations and Econometric Practice*, Minneapolis, University of Minnesota Press.

[89] Cooley, Thomas F., Stephen F. LeRoy & Neil Raymon (1984), "Econometric Policy Evaluation: Note", *American Economic Review*, 74/3, 467-470; Davig, Troy & Eric M. Leeper (2007), "Generalizing the Taylor Principle", *American Economic Review*, 97, 607-635, 619ss..

[90] Do ponto de vista dos produtores, a credibilidade das autoridades monetárias e das suas políticas estabilizadoras significa que todos os desvios em relação às margens de lucro óptimas serão percebidas como temporárias, dada a capacidade da política monetária para torná-las temporárias e para reverter o contexto. Assim se evitam «pânicos inflacionistas», situações em que as expectativas de inflação ficam para lá do intervalo dentro do qual é possível a estabilização com a pura política monetária; em tais situações o banco central vê-se numa situação difícil, visto que, para contrariar as expectativas muito elevadas de inflação, o banco terá que aplicar medidas deflacionistas de contracção da procura agregada – visando por fim um abaixamento das remunerações que reponha as margens de lucro dos produtores. Essa reacção do banco induzirá, pois, volatilidade tanto nos preços como no emprego, e esse foi precisamente o problema das políticas «go-stop». Cfr. Goodfriend, Marvin (2007), "How the World Achieved Consensus on Monetary Policy", *Journal of Economic Perspectives*, 21/4, 47-68, 63ss..

de fazê-lo[91]: num embate sério com o Governo por causa de situações de emergência (como a da corrente crise da UEM), a rigidez das regras pode parecer uma comprometedora intransigência por parte das autoridades monetárias, podendo no limite levar a situações mais graves de confronto – e daí que já se tenha apurado que em períodos de «alto risco» tenda a registar-se menor independência, menor consistência no *inflation targeting*[92] e maior passividade por parte das autoridades monetárias[93].

Por razões mais ou menos óbvias – e que, neste particular, não dependem de qualquer profissão de fé libertária –, independência e credibilidade vão, nos Bancos Centrais, de mãos dadas. Com efeito, dir-se-á que a perda de credibilidade é um afloramento da categoria mais ampla das «falhas de intervenção», e como estas encontra a sua explicação básica no «efeito de boleia»[94], ainda que tenha outras explicações como[95]:

1. a dificuldade do Governo para se manter fiel aos seus compromissos (a já aludida dificuldade da congruência intertemporal dentro de um quadro dinâmico, mesmo apesar das salvaguardas constitucionais[96]);

---

[91] Davig, Troy & Eric M. Leeper (2007), "Generalizing the Taylor Principle", *American Economic Review*, 97, 607-635, 618ss..

[92] Bernanke, Ben S. & Frederic S. Mishkin (1997), "Inflation Targeting: A New Framework for Monetary Policy?", *Journal of Economic Perspectives*, 11/2, 97-116; Bernanke, Ben S., Thomas Laubach, Frederic S. Mishkin & Adam S. Posen (1999), *Inflation Targeting: Lessons from the International Experience*, Princeton NJ, Princeton University Press; Clarida, Richard, Jordi Galí & Mark Gertler (2000), "Monetary Policy Rules and Macroeconomic Stability: Evidence and Some Theory", *Quarterly Journal of Economics*, 115/1, 147-180; Davig, Troy & Eric M. Leeper (2007), "Generalizing the Taylor Principle", *American Economic Review*, 97, 607-635, 619ss.; Lubik, Thomas A. & Frank Schorfheide (2004), "Testing for Indeterminacy: An Application to U.S. Monetary Policy", *American Economic Review*, 94/1, 190-217; Mishkin, Frederic S. (2004), "Why the Federal Reserve Should Adopt Inflation Targeting", *International Finance*, 7, 117-127; Goodfriend, Marvin (2005), "Inflation Targeting in the United States?", *in* Bernanke, Ben S. & Michael Woodford (orgs.) (2005), *The Inflation-Targeting Debate*, Chicago, University of Chicago Press, 311-337.

[93] Rabanal, Pau (2004), "Monetary Policy Rules and the U.S. Business Cycle: Evidence and Implications" (paper).

[94] Olson, Mancur (1965), *The Logic of Collective Action: Public Goods and the Theory of Groups*, Cambridge MA, Harvard University Press.

95 Stiglitz, Joseph E. (1998), "The Private Uses of Public Interests: Incentives and Institutions", *Journal of Economic Perspectives*, 12/2, 3-22, 8ss..

[96] Buchanan, James M. (1975), *The Limits of Liberty*, Chicago, University of Chicago Press; Buchanan, James M. (1991), *Constitutional Economics*, Oxford, Basil Blackwell.

2. a instabilidade dos compromissos e coligações de que depende a formação da vontade política;
3. a concorrência destrutiva (aquela que se concentra na criação de dificuldades e de barreiras, para efeitos de «captura» ou de «*rent-seeking*», e por isso dificulta o consenso);
4. a aversão à mudança, especialmente em contextos que se possam afigurar próximos do paradigma do «jogo de soma zero» (ou em que a assimetria informativa vede ao cidadão comum a percepção dos interesses colectivos em jogo).

Sublinhemos de novo o elemento «*forward-looking*», herdeiro directo da inflexão paradigmática das «expectativas racionais»: passou a admitir-se, no consenso hoje dominante, que os efeitos da política monetária dependem crucialmente das expectativas do sector privado, já que a utilização da moeda depende das expectativas desse sector privado quanto à trajectória futura das taxas de juro de curto prazo, tidas estas como o instrumento por excelência da politica monetária[97]; significando isso que, mais do que atenderem às práticas correntes, os agentes económicos interagem com aquilo que as práticas correntes lhes fazem prever relativamente à evolução futura dessas práticas estabilizadoras – trazendo pois para primeiro plano a gestão das expectativas, tornando a comunicação (credível) de intenções futuras tão decisiva, ou até talvez mais, do que as decisões correntes da política monetária[98].

O outro objectivo, o da transparência, é alcançado através da comunicação permanente das intenções ao público – reduzindo a incerteza e a margem de exploração oportunista de assimetrias informativas entre o próprio público. Embora se trate apenas de influenciar a taxa de juro de curto prazo (na estrita medida do necessário e com a proactividade de um puro «*feedback*»), esse objectivo tem que ser acompanhado de transparência para

---

[97] Goodfriend, Marvin S. & Robert G. King (1997), "The New Neoclassical Synthesis and the Role of Monetary Policy", *in* Bernanke, B.S. & J.J. Rotemberg (orgs.) (1997), 223-283; Clarida, Richard, Jordi Galí & Mark Gertler (1999), "The Science of Monetary Policy: A New Keynesian Perspective", *Journal of Economic Literature*, 37/4, 1661-1707; Woodford, Michael (2003), *Interest and Prices: Foundations of a Theory of Monetary Policy*, Princeton NJ, Princeton University Press.
[98] Galí, Jordi & Mark Gertler (2007), "Macroeconomic Modeling for Monetary Policy Evaluation", *Journal of Economic Perspectives*, 21/4, 25-45, 27ss..

que possa influenciar-se ainda a taxa de juro de longo prazo, sedimentando expectativas e sinalizando intenções futuras[99].

Há que atender também ao facto de haver várias acepções de «transparência»: a transparência política, relativa ao mandato do próprio Banco Central; a transparência económica, a publicação de todos os dados e previsões em que assentam as decisões; a transparência procedimental, relativa aos processos de análise e de decisão; a transparência política, a revelação e explicação de todos os passos dados e planeados; a transparência operacional, a discussão aberta de todas as imperfeições detectadas na transmissão e aplicação das políticas do Banco Central[100]. E há que admitir realisticamente que a transparência pode ser também constrangedora: o facto de se saberem observados pode levar à modificação da conduta dos decisores, e não necessariamente no sentido da maior eficiência – ou pode levar ainda à tomada prévia de decisões em instâncias menos observadas[101].

Seja como, ficam aqui traçados, com alguma licença irónica reclamada pela objectividade académica, alguns dos requisitos para que a UEM sobreviva aos tempos do «Tratado de Lisboa»; o que, no nosso entender, implica que ela vença a sua «timidez monetarista» e ganhe a congruência e a convicção que lhe permitam defrontar, agora com outro tipo de serenidade, os tempos de «pandemia financeira».

---

[99] Blinder, Alan S., Charles Goodhart, Philipp Hildebrand, David Lipton & Charles Wyplosz (2001), *How Do Central Banks Talk?*, London, Centre for Economic Policy Research – Geneva Reports on the World Economy; Faust, Jon & Lars E.O. Svensson (2001), "Transparency and Credibility: Monetary Policy with Unobservable Goals", *International Economic Review*, 42/2, 369-397; Geraats, Petra M. (2006), "Transparency of Monetary Policy: Theory and Practice", *CESifo Economic Studies*, 52/1, 111-152; Eijffinger, Sylvester C.W. & Petra Geraats (2006), "How Transparent Are Central Banks?", *European Journal of Political Economy*, 22/1, 1-21.

[100] Crowe, Christopher & Ellen E. Meade (2007), "The Evolution of Central Bank Governance around the World", *Journal of Economic Perspectives*, 21/4, 69-90, 79ss..

[101] Morris, Stephen & Hyun Song Shin (2002), "Social Value of Public Information", *American Economic Review*, 92/5, 1521-1534; Crowe, Christopher & Ellen E. Meade (2007), "The Evolution of Central Bank Governance around the World", *Journal of Economic Perspectives*, 21/4, 69-90, 85ss..

13. O «Salva-Vidas» Salva Vidas?

> *"In the long run we are all dead. Economists set themselves too easy, too useless a task if in tempestuous seasons they can only tell us that when the storm is long past the ocean is flat again".*
>
> Keynes, J.M.[102]

Regressemos à tensão «*Rules vs. Discretion*», aproveitando a alegoria de Keynes. O que ela sugere é que o «salva-vidas» deve estar constantemente disposto a sair para o mar, a enfrentar as tempestades em tempo útil (o «curto prazo»), a salvar os náufragos. A intenção é boa, mas transmite os incentivos errados, criando naqueles que se fazem ao mar a convicção de que os riscos podem ser menorizados, e até «externalizados», pela presença de um «salva-vidas» incansável, inesgotável, ubíquo.

O monetarismo que presidiu à criação da UEM e que pode, de certa forma, assegurar-lhe a sobrevivência, parte do entendimento contrário: os riscos diminuem se houver menos gente exposta a tempestades, e o melhor incentivo para que isso suceda é dissuasor: a advertência de que nenhum «salva-vidas» se fará ao mar, se for uma advertência credível, permitirá prevenir muito mais e remediar muito menos.

O «salva-vidas» que ostensivamente não resgata vidas é muito plausivelmente aquele que mais vidas poupa – esta, no fundo, a mensagem ínsita no objectivo civilizacional da *emancipação*, da confiança em *gente emancipada*, das virtualidades associadas ao jogo de pessoas capazes de por si mesmas prevenirem as tempestades e promoverem a bonança – o jogo do *mercado*.

(10 de Julho de 2010)

---

[102] Keynes, John Maynard (1923), *A Tract on Monetary Reform*, London, Macmillan, 80.

A INTEGRAÇÃO EUROPEIA
E A CONSTITUIÇÃO PORTUGUESA

JORGE MIRANDA
Professor Catedrático da Faculdade de Direito de Lisboa
e da Universidade Católica Portuguesa.

1. A integração europeia

I. Após a segunda guerra mundial e em consequência dela, desencadeou-se na Europa um movimento de integração interestatal sem paralelo noutras épocas e com fortes traços de originalidade no confronto com outras experiências (mesmo se, em larga medida, influenciado por tendências federalistas).

Sem contar com organizações militares como a União da Europa Ocidental e a Organização do Tratado do Atlântico Norte e com a malograda Comunidade Europeia de Defesa, esse movimento conduziu em 1948 à criação do Conselho da Europa, em 1952 à criação da Comunidade Europeia do Carvão e do Aço e em 1957 à criação da Comunidade Económica Europeia e da Comunidade Europeia de Energia Atómica.

O Conselho da Europa, que hoje abrange a totalidade dos países europeus, tem desenvolvido a sua acção essencialmente no campo da cooperação e da harmonização jurídicas, sendo a sua obra principal a Convenção Europeia de Direitos do Homem, de 1950. É uma organização internacional como qualquer outra.

Diferentemente, as três Comunidades pretenderam, desde o início, assumir características próprias, pelos fins mais amplos e pelos poderes mais fortes que receberem, por as normas e os actos dos seus órgãos serem dotados de imediatividade e beneficiarem de tutela jurisdicional e por incluírem órgãos (ou titulares de órgãos) com relativa independência frente aos Estados-membros[1].

Institucionalizada a democracia com a Constituição de 1976, Portugal aderiria ao Conselho da Europa em 1978 e, na sequência do pedido formulado em 1977 e após largas negociações, às três Comunidades em 1986.

II. Já em 1986 as três Comunidades se encontravam bem consolidadas num rumo de integração, mercê do êxito do mercado comum e da construção jurisprudencial do Tribunal de Justiça. Acentuariam essa linha o Acto Único Europeu desse ano e, sobretudo, o Tratado de Maastricht, de 1992, que criou uma "União Europeia". A este se seguiram os tratados de Amesterdão, de 1998, de Nice, de 2001, e de Lisboa, de 2007. E também em 2000 seria aprovada uma Carta de Direitos Fundamentais, agora anexada ao Tratado de Lisboa com força vinculativa[2].

Mas o que seja a União Europeia não se antolha muito claro, por causa das indefinições e ambiguidades dos textos, das declarações anexas, das cláusulas de excepção ou de exclusão (admitidas em favor de certos Estados-Membros) e das posições não coincidentes sobre as metas finais a atingir.

Se a União é muito mais do que uma organização internacional, tão pouco se reconduz a união federativa. Aproxima-se mais de uma confederação – de uma confederação diferente das confederações clássicas, com elementos provenientes de outras estruturas[3,4].

---

[1] Cfr., por todos, André Gonçalves Pereira e Fausto de Quadros, *Manual de Direito Internacional Público*, 3ª ed., Coimbra, 1993, págs. 421 e segs.

[2] Cfr. Fausto de Quadros, *Direito das Comunidades Europeias e Direito Internacional Público*, Coimbra, 1984, e *Direito da União Europeia*, cit.; Rui De Moura Ramos, *Das Comunidades à União Europeia*, 2ª ed., Coimbra, 1999; Maria Luísa Duarte, *Direito da União e das Comunidades Europeias*, Lisboa, 2001; ANA Maria Guerra Martins, *Curso de Direito Constitucional da União Europeia*, Coimbra, 2004; Paulo de Pitta e Cunha, *Direito Europeu*, Coimbra, 2006; Miguel Poiares Maduro, *A Constituição plural – Constitucionalismo e União Europeia*, S. João do Estoril, 2006; João Mota de Campos e João Luiz Mota de Campos, *Manual de Direito Comunitário*, 5ª ed., Coimbra, 2007.

[3] V. o nosso *Curso de Direito Internacional Público*, 4ª ed., São João do Estoril, 2009, págs. 311 e segs., e autores citados.

[4] Neste sentido, Antonio la Pergola, *Sguardo sul federalismo e i suoi dintorni*, in *Diritto e Società*, 1992, págs. 491 e segs., *maxime* 503 e segs. Cfr. Philippe Schmitter, *A Comunidade Europeia: uma forma nova de dominação política*, in *Análise Social*,

E outrossim a soberania dos Estados, se surge diminuída ou reduzida pela expansão das atribuições e das matérias de interesse comum, pela unidade monetária, pela convergência económico-financeira, pela política externa comum e pelo peso acrescido das decisões maioritárias[5,6], não fica substituída por um poder próprio da União[7]. Os poderes desta derivam de um tratado internacional e só por outro tratado hão-de vir a ser alargados ou modificados[8]; a «cidadania europeia» é derivada ou consequencial; não há um território da União, nem poder tributário próprio; nem autoridades de coerção[9].

Maastricht não foi uma primeira manifestação de um poder constituinte europeu[10]. Bem pelo contrário: a necessidade de se fazerem, explícita ou implicitamente, alterações constitucionais em alguns dos Estados membros

---

n.º 118-119, 1992, págs. 739 e segs. (este Autor opta pela designação de «condomínio», mas escreve antes de Maastricht).

V., ainda, por exemplo, entre nós, André Gonçalves Pereira e Fausto de Quadros, *op. cit.*, págs. 651 e segs.; Francisco Lucas Pires, *Introdução ao Direito Constitucional Europeu*, Coimbra, 1997, págs. 85 e segs.; Carla Amado Gomes, *A natureza constitucional do Tratado da União Europeia*, Lisboa, 1997, pág. 32; Eduardo Correia Baptista, *Direito Internacional Público*, Lisboa, 1998, págs. 443-444, nota; Paulo de Pitta e Cunha, *op. cit.*, págs. 36 e segs.; JORGE MOTA DE CAMPOS e JOÃO LUIZ MOTA DE CAMPOS, *op. cit.*, págs. 249 e segs.

[5] Recorde-se, a nível mundial, o capítulo VII da Carta das Nações Unidas impondo a todos os Estados o acatamento das decisões do Conselho de Segurança em caso de ruptura da paz e de agressão.

[6] Cfr. Fernando Loureiro Bastos, *Os limites à capacidade de vinculação internacional do Estado Português. Em especial, os derivados da participação de Portugal nas Comunidades Europeias*, in *Perspectivas Constitucionais*, obra colectiva, III, Coimbra, 1998, págs. 911 e segs.

[7] Cfr. Thibaut de Béranger, *Constitutions Nationales et Construction Communautaire*, Paris, 1995, págs. 27 e segs.

[8] V. a demonstração em Maria Luísa Duarte, *A teoria dos poderes implícitos e a delimitação de competências entre a União Europeia e os Estados Membros*, Lisboa, 1997, págs. 357 e segs.

[9] Como se lê no acórdão do Tribunal Constitucional Federal alemão de 12 de Outubro de 1993 [II, I, *a)*]: «A República Federal da Alemanha continua membro de uma associação de Estados, cujo poder comunitário deriva dos Estados-membros e não pode exercer-se de maneira coerciva sobre o território alemão a não ser com fundamento numa ordem de execução dada na Alemanha». Há tradução portuguesa, de Margarida Brito Correia, in *Direito e Justiça*, 1994, págs. 263 e segs.

[10] Como pretendem Lucas Pires, *Introdução...*, cit., págs. 25 e segs., 55 e segs. e 110 e segs., ou Carla Amado Gomes, *op. cit.*, págs. 24 e segs. (falando em *hetero-pré-Constitui-*

para a sua ratificação – como aconteceu em Portugal em 1992 – envolve o reconhecimento do primado das Constituições estatais. Se o Tratado valesse (ou valesse desde logo) como base de um novo e superior Direito, ele vincularia os Estados e entraria em vigor independentemente disso e, depois, seriam as normas constitucionais desconformes que seriam tidas por ineficazes ou por revogadas; ora, não foi isto que aconteceu em 1992.

Como escreve um Autor, Manuel Aragón, as enfáticas declarações do Tribunal de Justiça das Comunidades acerca do carácter irreversível da cessão de competências pelos Estados-membros e acerca da incondicionada primazia do Direito comunitário sobre as normas de produção interna (incluindo as normas constitucionais) não podem ocultar a realidade que os Tribunais Constitucionais espanhol, francês e alemão puseram a claro: que, enquanto a Europa for uma união de Estados soberanos e não uma federação, a validade do Direito comunitário nos países europeus fundamentar-se-á, em última análise, na Constituição de cada um deles. E esta verificação não supõe uma reacção anticomunitária, mas sim uma exigência inelutável: a de que não pode avançar-se mais na construção europeia sem cumprir as regras do Estado de Direito[11].

ção a págs. 34 e segs.); ou, de certo modo, Ana Maria Guerra Martins, *A natureza jurídica da revisão do Tratado da União Europeia*, Lisboa, 2000, págs. 627 e segs.

Próxima do nosso pensamento, v. Maria Luísa Duarte, *A teoria...*, cit., págs. 213 e segs. e 357 e segs.

[11] *La Constitución Española y el Tratado de Union Europea*, in *Revista Española de Derecho Constitucional*, Setembro-Dezembro de 1994, pág. 25.

Cfr. ainda o número de Abril de 1992 de *Quaderni Costituzionali*; o n.º 12 da *Revue française de droit constitutionnel*; Constance Grewe e Hélène Ruiz Fabri, *Le Conseil Costitutionnel et l'intégration européenne*, in *Revue universelle des droits de l'homme*, 1992, págs. 277 e segs.; François Luchaire, *L'Union Européenne et la Constitution*, in *Revue du droit public*, 1992, págs. 956 e segs.; Bruno Genevois, *Le traité sur l'Union Européenne et la Constitution*, in *Revue française de droit administratif*, 1992, págs. 373 e segs.; Juan Fernando Aguilar, *Maastricht y la problematica de la reforma de la Constitución*, in *Revista de Estudios Politicos*, n.º 77, Julho-Setembro de 1992, págs. 57 e segs.; Pablo Pérez Tremps, *Constitución española y Comunidad Europea*, Madrid, 1993; Trevor C. Hartley, *Constitutional and Institutional Aspects of Maastricht Agreement*, in *International and Comparative Law Quarterly*, 1993, págs. 213 e segs.; Santiago Muñoz Machado, *La Unión Europea y las mutaciones del Estado*, Madrid, 1993; Guilherme d'Oliveira Martins, *A revisão constitucional de 1992. Algumas notas*, in *Estado e Direito*, 1993, págs. 59 e segs.; DOMINIK HANF, *Le jugement de la Cour Constitutionelle fédérale allemande sur la constitutionnalité du Traité de Maastricht*, in *Revue trimestrielle de droit européenne*, 1994, págs. 391 e segs.; Thibaut de Beranger, *op. cit.*, págs. 47 e segs.; Albrecht Weber, *El control del Tratado de Maastricht*

O que se dizia de Maastricht pode aplicar-se, embora com alguma atenuação porventura, aos tratados subsequentes.

III. Por isto, sem negar o passo qualitativo dado desde o Tratado de Maastricht ao de Lisboa, pode ainda sustentar-se que ele não colide, entre nós, com o princípio constitucional da independência nacional [arts. 1.º e 9.º, alínea *a*), da Constituição], encarado de uma perspectiva material, atento às condições concretas de exercício do poder político e económico. Numa época de formação de grandes espaços, mostra-se preferível ser sujeito activo nas instituições de decisão do destino europeu do que ficar delas arredado e aí não poder defender os seus interesses vitais.

Tudo está, porém, em saber até onde se pode ir com respeito dos limites materiais da revisão constitucional[12]; até onde pode ir a «delegação», ou a «transferência» ou o «exercício em comum de poderes de soberania», sem se mudar de Constituição ou de natureza do Estado.

2. O Direito constitucional da integração europeia

I. Em cada Estado membro da União Europeia pode falar-se em Direito constitucional europeu para designar o complexo de normas constitucionais que definem o modo como ele aí participa e sofre o seu impacto – designadamente, as normas, explícitas ou implícitas, que autorizam a integração, que coordenam a ordem jurídica interna com a ordem jurídica da União[13], que concedem direitos a cidadãos dos demais Estados mem-

---

por la jurisdiccion constitucional desde una perspectiva comparada, in *Revista Española de Derecho Constitucional*, Setembro-Dezembro de 1995, págs. 31 e segs.; Juan Jose Solozabal Echevarria, *Algumas consideraciones constitucionales sobre el alcance y los efectos de la integración europea*, in *Revista de Estudios Politicos*, Outubro-Dezembro de 1995, págs. 45 e segs.; Marta Cartabia, *Principi inviolabili e integrazione europea*, Milão, 1995; Francesco Sorrentino, *Profili costituzionali dell'integrazione comunitaria*, Turim, 1996; Enzo Cannizzaro, *Esercizio di competenza e sovranità nell'esperienza giuridica dell'integrazione europea*, in *Rivista di Diritto Costituzionale*, 1996, págs. 75 e segs., *maxime* 118 e segs.; Francisco Rubio Llorente, *Constitución Europea e reforma constitucional*, in *Perspectivas Constitucionais – Nos 20 anos da Constituição de 1976*, obra colectiva, II, Coimbra, 1997, págs. 695 e segs.; Sergio Dellavalle, *Una Costituzione senza popolo?*, Milão, 2002; Louis Favoreu *et alii*, *Droit Constitutionnel*, 6ª ed., Paris, 2003, págs. 384 e 385.

[12] Cfr. *Manual...*, II, 6ª ed., Coimbra, 2007, págs. 209 e segs.
[13] Sobre o art. 8.º da Constituição, v. *Curso* ..., cit., págs. 144 e segs. e Autores citados.

bros, que prevêem transformações na organização económica e social, que afectam as competências ou determinam competências novas dos órgãos do poder político.

Por certo, a erosão da soberania clássica não decorre só deste processo. Vem, desde há muito, da institucionalização crescente da sociedade internacional e, em especial, das Nações Unidas, de múltiplas organizações regionais e de tratados como a Convenção Europeia dos Direitos do Homem e o do Tribunal Penal Internacional. Mas não menos seguro é que nenhum outro exemplo se conhece até agora de implicações constitucionais tão directas e intensas provenientes de actos de Direito internacional como as ligadas à integração comunitária europeia[14,15].

II. Considerando os vinte e sete Estados membros das Comunidades, a observação das suas Constituições, nos respectivos textos actuais, permite descortinar dois diferentes modos de tratamento da integração europeia.

Há Constituições em que esse tratamento assenta em cláusulas gerais de autorização de restrições ou de delegações ou transferências de poderes

---

[14] Cfr., de vários quadrantes, Albrecht Weber, *The Supranationality Problem*, in *Rights, Institutions and Impact of International Law according to the German Basic Law*, obra colectiva, Baden-Baden, 1987, págs. 225 e segs.; Massimo Luciani, *La Costituzione Italiana e gli ostacoli all'integrazione europea*, in *Politica del Diritto*, 1992, págs. 557 e segs.; Santiago Muñoz Machado, *La Unión europea y las mutaciones del Estado*, Madrid, 1993; *Les Constitutions nationales à l'épreuve de l'Europe*, obra colectiva, Paris, 1993; Thibaut de Béranger, *Constitutions nationales et construction communautaire*, cit.; o número de Outubro-Dezembro de 1995 da *Revista de Estudios Politicos*; Federico Sorrentino, *Profili costituzionali dell'integrazione comunitaria*, Turim, 1996; Antonio López Castillo, *Constitución y integración*, Madrid, 1996; *Les États membres de l'Union Européenne*, obra colectiva, Paris, 1997; Francisco Lucas Pires, *«Competência das Competências»: Competente, mas sem Competência?*, in *Revista de Legislação e de Jurisprudência*, n.º 3885, Abril de 1998, págs. 354 e segs., e *O factor comunitário no desenvolvimento constitucional português*, in *Os 20 anos da Constituição de 1976*, obra colectiva, Coimbra, 2000, págs. 215 e segs.; Joël Rideau, *Droit Institutionnel de l'Union et des Communautés Europeennes*, 4ª ed., Paris, 2002, págs. 793 e segs.

[15] Relativamente a Portugal, cfr. Francisco Lucas Pires, *O factor comunitário no desenvolvimento constitucional português*, in *Os vinte anos da Constituição de 1976*, obra colectiva, Coimbra, 2000, págs. 215 e segs.; Jorge Miranda, *O Direito Constitucional Português da Integração Europeia. Alguns aspectos*, in *Nos 25 anos da Constituição da República Portuguesa de 1976*, obra colectiva, Lisboa, 2001, págs. 15 e segs.; Gomes Canotilho, *Direito Constitucional e Teoria da Constituição*, 7ª ed., Coimbra, 2003, págs. 367 e segs.; Maria Lúcia Amaral, *A forma da República*, Coimbra, 2006, págs. 390 e segs.

de soberania: entre outras, as da Itália (art. 11.º), da Dinamarca (art. 20.º), da Espanha (art. 93.º) ou da Finlândia (art. 33.º-A).

E há Constituições com cláusulas específicas: por exemplo, as da Irlanda (art. 29.º), da Alemanha (art. 23.º), da França (arts. 81.º-1 a 81.º-4) ou de Portugal (art. 7.º, n.º 6). Porém, na Irlanda e em Portugal essas cláusulas específicas inserem-se num contexto global das relações internacionais, ao passo que na Alemanha e na França surgem autonomizadas.

Na Grã-Bretanha, com as suas características únicas, foi feita uma lei, materialmente constitucional, aquando da adesão às Comunidades.

III. No caso português, ainda antes da adesão, já uma norma constitucional fora introduzida nessa perspectiva: foi a do art. 8.º, n.º 3, relativa ao Direito derivado de organizações internacionais[16]. Ainda que extensivo ao Direito criado por quaisquer organizações internacionais que satisfizesse as suas exigências (como, em certos termos, a O.N.U. e algumas das organizações especializadas da sua «família»), este novo preceito foi pensado e querido com vista à próxima vigência das normas comunitárias na ordem interna portuguesa.

A revisão ocorrida em 1989 iria bem mais longe. Mais do que um novo preceito do art. 7.º sobre o reforço da «identidade» europeia e o fortalecimento da acção dos Estados europeus – e cujo âmbito ia para além da União – ele trouxe a constitucionalização de um órgão comunitário, o Parlamento Europeu [nos arts. 136.º, alínea b), e 139.º, n.º 3, alínea c), a propósito de matérias eleitorais][17,18]. Terá sido a primeira vez que um órgão próprio de uma instituição internacional adquiriu relevância no interior de uma Constituição estatal[19].

---

[16] *Diário da Assembleia da República*, 2ª série, II legislatura, 1ª sessão legislativa, 4.º suplemento ao n.º 108, pág. 3332(71); 2ª sessão legislativa, 2.º suplemento ao n.º 80, pág. 1508(14); suplemento ao n.º 98, pág. 1878(6); e 2.º suplemento ao n.º 136, págs. 2438(21)-2438(22); e 1ª série, n.º 130, págs. 5472 e segs.

[17] Além disso, a segunda revisão constitucional retirou do art. 8.º, n.º 3, o advérbio *expressamente*.

[18] Em 1997, o art. 136.º passaria a ser o art. 133.º, mas a referência expressa ao Parlamento Europeu no art. 139.º (agora 136.º) seria eliminada por causa da menção genérica de actos eleitorais.

[19] Todavia, curiosamente, a constitucionalização do Parlamento Europeu foi feita não tanto por razões de integração comunitária quanto para dissipar dúvidas sobre a sujeição da eleição de Deputados portugueses aos princípios gerais de Direito eleitoral consignados

A assinatura do Tratado de Maastricht conduziria a uma terceira revisão constitucional, donde resultaria o n.º 6 do mesmo artigo 7.º (com versão alterada em revisões posteriores); a eliminação no art. 105.º (hoje 102.º) do exclusivo de emissão de moeda pelo Banco de Portugal e o aditamento de um n.º 5 e de um n.º 6 ao art. 15.º (sobre capacidade eleitoral para o Parlamento Europeu e para os órgãos das autarquias locais) e as novas alíneas *f*) do art. 166.º (hoje 163.º) e *i*) do art. 201.º, n.º 1 (hoje 198.º, n.º 1) da Constituição, sobre as competências relativas da Assembleia da República e do Governo no domínio da política da União[20].

A revisão constitucional de 1997, a despeito da sua extensão, não trouxe modificações relevantes no quadro das relações entre a União e o Estado português. Salvo uma pequena alteração do art. 202.º, versou, sim, sobre os poderes recíprocos dos órgãos do Estado e das regiões autónomas relativos à integração [novos arts. 112.º, n.º 9, 161.º, alínea *n*), 164.º, alínea *p*), e 227.º, n.º 1, alíneas *x*) e *v*)].

Ao invés, a revisão de 2001 (provocada pelo Tribunal Penal Internacional) incidiu, e não pouco, sobre aquele quadro[21]. Em primeiro lugar, no art. 7.º, n.º 6, passou a aludir-se a «um espaço de liberdade, segurança e justiça» e ao exercício também «em cooperação» dos poderes necessários à construção da união europeia. Em segundo lugar, num novo art. 33.º, n.º 5, passou a consentir-se a dispensa das garantias relativas à expulsão e à extradição, excepto no domínio da pena de morte, por efeito da «aplicação das normas de cooperação judiciária penal estabelecidas no âmbito da União Europeia» – o que representa uma derrogação constitucional.

Não menos importantes seriam os resultados da revisão de 2004: alteração do art. 7.º, n.º 6, passando a falar-se em convencionar o exercício não só em comum e em cooperação como através das instituições da União Europeia e passando a falar-se também em "aprofundamento"; inclusão aí do objectivo de uma política externa, de segurança e de defesa comum; aditamento de um n.º 4 ao art. 8.º, declarando as disposições dos

---

na Constituição: v. o nosso artigo *A questão da lei eleitoral para o Parlamento Europeu*, in *Estudos de Direito Eleitoral*, Lisboa, 1995, págs. 128 e segs.

[20] Sobre o assunto, v. a nossa intervenção na comissão eventual de revisão constitucional, in *Diário da Assembleia da República*, VI legislatura, 2ª sessão legislativa, 2ª série, n.º 82-RC, acta n.º 8, págs. 135 e 136; e *Manual* ..., V, cit., págs. 182 e segs. e Autores citados.

[21] V. o debate na Assembleia da República, in *Diário*, VIII legislatura, 3ª sessão legislativa, 1ª série, n.º 9, reunião de 4 de Outubro de 2001, págs. 261 e segs.

tratados que regem a União Europeia e as normas emanadas das suas instituições aplicáveis na ordem interna, nos termos definidos pelo Direito da União; prescrição, porém, tanto nesse n.º 4 quanto no n.º 6 do art. 7.º do respeito pelos princípios fundamentais do Estado de Direito democrático como limite à participação de Portugal e à aplicação do Direito da União Europeia.

Por útimo a revisão de 2005 estabeleceria que o disposto no n.º 3 do artigo 115.º "não prejudica a possibilidade de convocação e de efectivação de referendo sobre a aprovação do Tratado que vise a construção e aprofundamento da união europeia, em querer dizer, permitiria refendo directo sobre tal tratado, em vez de, como é regra geral, a seguir o referendo, a aprovação caber ao Parlamento

IV. De todo o modo, não se autonomiza um artigo sobre a União Europeia. Portugal continua, no n.º 6, a tomá-la como um espaço de associação com outros Estados, sem fazer uma transformação radical da sua própria estrutura constitucional (o que, aliás, também tem sido sucessivamente afirmado nos tratados constitutivos da União).

As fórmulas adoptadas neste preceito devem ser lidas do seguinte modo:

a) *"Convencionar"* implica que apenas por via de tratado (um tratado sujeito a aprovação e a ratificação, susceptível de fiscalização preventiva, como qualquer outro, e, após 2005, susceptível de referendo), e não por qualquer decisão dos órgãos da União é que pode realizar-se a construção e o aprofundamento da união (em sentido objectivo);
b) *Exercício* exclui qualquer alienação de tais poderes e, mais ainda, qualquer incorporação definitiva na União (aqui União em sentido subjectivo como entidade *a se*), sem possibilidade de recesso;
c) *Exercício em comum* significa actividade com os mesmos meios e os mesmos fins, precedida de concertação multilateral; *Exercício em cooperação*, significa colaboração e interdependência dos Estados membros na vida internacional; e *exercício pelas instituições da União*, delegação em favor dos seus órgãos de poderes adequados aos objectivos do preceito;
d) Exercício em comum e exercício em cooperação correspondem, após 2004, a formas ou métodos intergovernamentais; exercício pelas instituições da União, a formas ou métodos comunitários.

V. A construção e o aprofundamento da União traduzem-se em três objectivos:

a) A realização da coesão económica e social (a menção "territorial", introduzida em 2004, é inútil, porque, evidentemente, a coesão é sempre territorial – entre os territórios dos Estados membros e no interior de cada Estado membro).
b) A criação de um espaço de liberdade, segurança e justiça.
c) A definição e a execução de uma política externa, de segurança e de defesa comum.

Estes objectivos devem ser prosseguidos, com equilíbrio, através das modalidades de exercício previstas. A sua prossecução só pelas instituições da União poderia pôr em causa o princípio de independência nacional [arts. 1.º e 9.º, alínea a), há pouco citados].

VI. Por isso fixam-se como limites à participação de Portugal:

a) A reciprocidade, ou seja, a sujeição dos outros Estados membros a condicionamentos e limitações de soberania idênticos àqueles a que fica sujeito o Estado português – o que aponta para a igualdade fundamental dentro das instituições da União.
b) A subsidiariedade, ou seja, a restrição do exercício em comum, em cooperação e, sobretudo, pelas instituições da União aos casos em que os Estados membros, isolados, não conseguiriam obter os mesmos resultados almejados à luz dos objectivos da União.
   Um conflito bem provável de interpretações pode, entretanto, conjecturar-se a respeito desse princípio de subsidiariedade entre o nosso Tribunal Constitucional – guardião das normas constitucionais portuguesas, entre as quais, portanto, o art. 7.º, n.º 6 – e o Tribunal de Justiça das Comunidades – guardião do Direito comunitário e constantemente voltado para uma visão «comunitarista» e até «federalista». Como será ele resolvido[22]?

---

[22] Cfr. Lucas Pires (*União Europeia: um poder próprio ou delegado?*, in *A União Europeia*, pág. 154), para quem a subsidiariedade é um critério de repartição vertical do poder também de inspiração tipicamente federal, pelo menos na versão que reveste na Constituição alemã. Tal critério aponta para um acantonamento de competências em que o Estado é um patamar entre outros. O que é que tal princípio pode significar senão a impossi-

c) O respeito pelos princípios fundamentais do Estado de Direito democrático, ou seja, a subordinação, por uma razão de coerência, das actividades desenvolvidas no âmbito da União aos mesmos princípios a que se têm de subordinar os órgãos do Estado português na sua ordem interna.

VII. Entretanto, não existindo constitucionalmente nenhuma obrigação de pertença à União Europeia, Portugal poderá – embora seja hipótese extremamente remota – delas se retirar sem revisão constitucional. O n.º 6 do art. 7.º apenas prevê uma faculdade e todos os outros preceitos concernentes à integração ou que a pressupõem são-lhe consequentes[23].

---

bilidade de o Estado nacional ultrapassar o nível de subsidiariedade, que é definido *ex ante* e em comum, aliás com a sua própria participação? A subsidiariedade inscrita no Tratado só pode, de facto, revelar, além do mais, que o poder de delimitação das fronteiras respectivas de competência entre a Comunidade e os Estados já não está à disposição destes últimos e entronca no Tratado. *O critério de repartição vertical do poder poderia mesmo vir a ter por sede o Tratado e por árbitro o Tribunal de Justiça.*

Cfr. Georges Vandersanden, *Considérations sur le principe de subsidiarité*, in *Présence du Droit Public et des Droits de l'Homme – Mélanges offerts à Jacques Velu*, obra colectiva, I, Bruxelas, 1992, págs. 193 e segs.; Paolo Caretti, *Il principio di sussidiarietà e i suoi riflessi sul piano dell'ordinamento comunitario e dell'ordinamento nazionale*, in *Quaderni Costituzionali*, Abril de 1993, págs. 7 e segs.; Angelo Rinella, *Osservazioni in ordine alla ripartizione delle competenze tra Comunità europea e Stati membri alla luce del principio di sussidiarietà*, in *Quaderni Costituzionali*, 1994, págs. 431 e segs.; John Peterson, *Subsidiarity: A Definition to Suit Any Vision?*, in *Parliamentary Affairs*, 1994, págs. 116 e segs.; Fausto de Quadros, *O princípio da subsidiariedade no Direito comunitário após o Tratado da União Europeia*, Coimbra, 1995, págs. 30 e segs.; J. M. de Areiza Carvajas, *El principio de subsidiaridad en la construción de la Union Europea*, in *Revista de Estudios Politicos*, Setembro-Dezembro de 1995, págs. 53 e segs.; Pierre-Alexis Feral, *Principe de subsidiarieté dans l'Union Européenne*, in *Revue du droit public*, 1996, págs. 203 e segs.; Marta Borges, *Subsidiariedade: controlo a priori ou a posteriori*, in *Temas de Integração*, 1.º trimestre de 1997, págs. 67 e segs.; Carla Amado Gomes, *op. cit.*, págs. 60 e segs.; Antonio D'Atena, *Il principio di sussidiarietà nella Costituzione italiana*, in *Rivista Italiana di Diritto Pubblico Comunitario*, 1997, págs. 603 e segs.; *Sussidiarietà e ordinamenti costituzionali*, obra colectiva, Pádua, 1999; Rute Gil Saraiva, *Sobre o princípio da subsidiariedade*, Lisboa, 2001; Maria Luísa Duarte, *A aplicação jurisdicional do princípio da subsidiariedade no Direito comunitário – Pressupostos e limites*, in *Estudos jurídicos e económicos em homenagem ao Professor João Lumbrales*, obra colectiva, Coimbra, 2000, págs. 779 e segs.

[23] Arts. 15.º, n.º 5, 33.º, n.º 5, 112.º, n.º 9, 133.º, alínea *b*), 161.º, alínea *n*), 163.º, alínea *f*), 164.º, alínea *p*), 197.º, n.º 1, alínea *i*), 227.º, n.º 1, alíneas *v*) e *x*).

Se Portugal, nessa tal hipótese, viesse a desvincular-se – o que teria de ser feito de acordo com as regras gerais de Direito internacional e observados os procedimentos constitucionais internos – esses preceitos, pura e simplesmente, caducariam.

ÍNDICE

Apresentação 5

O Tratado de Lisboa 11
José Manuel Durão Barroso

As inovações do Tratado de Lisboa 17
António Vitorino

Avaliação global do sistema orgânico e institucional da União Europeia
após o Tratado de Lisboa 33
Fausto de Quadros

O novo regime do princípio da subsidiariedade e o papel reforçado
dos parlamentos nacionais 47
Margarida Salema d'Oliveira Martins

O Tratado de Lisboa e o modelo social da União Europeia. Algumas notas ... 57
Maria do Rosário Palma Ramalho

O sistema jurisdicional após o Tratado de Lisboa 71
Maria José Rangel de Mesquita

Constitucionalismo europeu e direitos fundamentais
após o Tratado de Lisboa 95
Ana Maria Guerra Martins

A união económica e monetária depois do Tratado de Lisboa
(ou, a timidez monetarista em tempos de pandemia financeira) 121
Fernando Araújo

A integração europeia e a Constituição portuguesa 161
Jorge Miranda

Índice 173